AUFLÄUFE

GRATINS · SOUFFLÉS

Renate Kissel

AUFLÄUFE
GRATINS · SOUFFLÉS

Mit 92 Rezepten,
exklusiv fotografiert
für dieses Buch
von
Hans Joachim Döbbelin

SIGLOCH
EDITION

Inhalt

Kartoffeln und Käse sind beliebte Zutaten für gehaltvolle Aufläufe, aber auch nur eine von unendlich vielen Möglichkeiten, die die Zubereitung im Ofen bietet.

Zum Bild auf Seite 2: Ob holzbefeuert oder computergesteuert, wenn die Temperatur stimmt, überzeugt in jedem Fall auch das Ergebnis.

Aufläufe & Co – herzhaft und verführerisch

Köstliche Aufläufe, dazu zählen auch Gratins, Soufflés und Flans, lassen sich auf vielseitige Art mit ausgewählten Zutaten wie Gemüse, Getreide, Teigwaren, Reis, Hülsenfrüchten, Fisch und Meeresfrüchten sowie Fleisch, Geflügel und Wild zubereiten. Und auch mit Obst und anderen süßen Zutaten kann man schmackhafte Varianten zaubern. Pikant oder süß – als Vorspeise, Hauptgericht, Beilage oder Dessert: Zu jeder Gelegenheit sind Aufläufe mit ihrem geheimnisvollen Innenleben und vielen verschiedenen Geschmackskomponenten für kulinarische Überraschungen geeignet.

Die Bezeichnung Auflauf deutet schon darauf hin, dass mit den in die Form gefüllten Zutaten etwas Besonderes geschieht: Beim Erhitzen im Backofen vergrößert sich ihr Volumen, sie steigen hoch – sie laufen auf. Verantwortlich für dieses Auflaufen sind die Eier. Sie sind es auch, die dafür sorgen, dass die gesamte Masse aufgelockert wird. Verständlicher-

Gut geeignet – und schön anzusehen – für Aufläufe und Gratins sind Tonformen, wie sie auf diesem mallorquinischen Markt bewundert und erstanden werden können.

Gemüse eignet sich für viele Gerichte aus dem Ofen, muss aber meistens etwas vorgegart werden.

weise darf deshalb die Form niemals mit einem Deckel verschlossen werden.
Das Schöne an allen Ofengerichten ist aber auch Folgendes: Hat man die Form erst einmal gefüllt, ist die Hauptarbeit getan. Der Auflauf wird nur noch in den Backofen geschoben und kann dann sich selbst überlassen werden. Zu beachten ist natürlich noch die richtige Einstellung von Temperatur und Zeit. Danach können sich Koch oder Köchin anderen Aufgaben zuwenden. Das ist mehr als angenehm, zumal wenn Gäste erwartet werden.
Die mehr oder weniger lange Garzeit kann genutzt werden, den Tisch zu decken, Getränke bereitzustellen, die Küche wieder aufzuräumen und sich frisch zu machen, so dass bei der Ankunft der Gäste alle Beteiligten „zu ihrer Höchstform aufgelaufen“ sind.

Die französische Verwandtschaft: Gratins, Soufflés und Flans

Auflauf ist nicht gleich Auflauf. Da gibt es feine Unterschiede. Der klassische **Auflauf** besteht meistens aus mehreren Schichten. Die Zutaten dafür werden oft vorgegart. Auch Überbleibsel vom Vortag – Gemüse, Kartoffeln, Fisch oder Fleisch – kann man sehr gut dafür verwenden.
Gratins haben weniger Schichten, die Form ist flacher und die Garzeit entsprechend kürzer. Gratin, der französische Begriff für Kruste, deutet an, dass es hier

primär um die knusprige braune Oberfläche geht, die beim Überbacken entsteht und dem Gericht schon beim ersten Anblick das gewisse Etwas verleiht. Aber Vorsicht! Die Kruste darf nicht zu dunkel werden, sonst schmeckt sie bitter. Gratins eignen sich vorzüglich als kleiner Imbiss, können aber auch als Beilage serviert werden.
Küchentechnisch gehören auch **Soufflés** in die Reihe der Aufläufe. Sie sind feiner und zarter in der Zusammensetzung, daher natürlich auch etwas empfindlicher. Luftig werden sie durch eine gewisse Menge an steif geschlagenem Eiweiß, das sie im Ofen regelrecht aufbläst. Das französische Wort *souffle* bedeutet Atem oder Hauch. Beachtet man einige Regeln, ist die Zubereitung gar nicht schwierig. Wichtig ist, dass Soufflés nach dem Garen gleich aus dem Ofen genommen und serviert werden. Um das Zusammenfallen auf dem Weg vom Ofen zum Tisch zu verhindern, kann man sie vorsichtig mit einem Tuch abdecken, denn der kleinste Luftzug könnte das Hauchgebilde schon zum Einsturz bringen. Falls das aber doch einmal passieren sollte, trösten Sie sich, es wird trotzdem schmecken.

Flans – auch eine Art von Soufflé – sind weit weniger anspruchsvoll. Man braucht dazu außerdem keine besondere Form. So können kleine, runde Förmchen oder Tassen bereits gute Dienste leisten. Es kommt nur darauf an, dass sie in ein Wasserbad gestellt werden können, denn im Ofen dürfen sie nicht direkt der Hitze ausgesetzt werden. Die Wärme muss sich gleichmäßig verteilen, damit die Masse möglichst langsam gart.
So erhalten Flans eine lockere Konsistenz, sind aber doch so fest, dass sie gegebenenfalls auch gestürzt werden können.
Ursprünglich war der Flan vor allem als puddingartige Süßspeise in Spanien bekannt, in Frankreich dagegen genoss man ihn schon immer salzig, pikant u n d süß.

Bild unten: Wahrscheinlich waren es französische Köche, die das Soufflé kreiert haben. Sicher ist, dass man das luftige Kunstwerk dort oft in wahrer Vollendung serviert bekommt.

Küchenpraxis

Kräuter sind nicht nur etwas fürs Auge – manche entfalten erst bei längeren Garzeiten ihr ganzes Aroma.

Tipps und Tricks

Die Erfahrung zeigt, dass Backöfen unterschiedlich heizen. Daher können die angegebenen **Backzeiten** nur Richtwerte darstellen. Sie sind nach eigener Erfahrung entsprechend anzupassen. Außerdem ergeben sich unterschiedliche Backzeiten bei Gebrauch von Umluft gegenüber dem von Ober- und Unterhitze. Die in den Rezepten angegebenen Temperaturen beziehen sich auf Ober- und Unterhitze.

Umluft	*Ober- und Unterhitze*
150 °C	*160 °C*
170 °C	*190 °C*
190 °C	*210 °C*
210 °C	*240 °C*

Jedes Gericht, auch Aufläufe, ist nur so gut wie seine Zutaten. So gilt auch hier: je frischer, desto besser.

Für das Gelingen der meisten Aufläufe ist das **Vorgaren** der Zutaten wichtig. Dabei ist auf einiges zu achten:

- Gemüse sollte nach dem Vorgaren noch richtig Biss haben. Einige Gemüse wie Auberginen, Zucchini und Paprika kann man vorher etwas in Fett andünsten, so gewinnen sie an Geschmack.
- Teigwaren bissfest garen und sofort mit kaltem Wasser abschrecken, damit sie beim Backen ihre Form behalten.
- Fisch wird vorher kurz gedämpft, gedünstet oder gebraten.

Zutaten für Gratins werden in der Regel etwas länger vorgegart, da die Backzeit kürzer ist als für einen Auflauf.

Übrigens: Die vorgegarten und wieder abgekühlten Zutaten können in eine gefettete Form geschichtet und mit einer Folie abgedeckt im Kühlschrank einige Stunden aufbewahrt werden. Käse, Butterflöckchen oder anderes für die Kruste werden dann erst kurz vor dem Backen aufgestreut.

Eine mehr oder weniger große Anzahl **Eier** sorgt für das Aufgehen des Auflaufs. Wer keine Eier verwenden möchte, kann annähernd den gleichen Lockerungseffekt mit Sojamehl aus dem Reformhaus erzielen. Dazu werden als Ersatz für 1 Ei etwa 25 Gramm Sojamehl mit 6 Esslöffel kaltem Wasser verrührt.

- Eischnee für Aufläufe und Soufflés sollte immer aus frischen Eiern bereitet werden, dann ist das Eiweiß noch zäh und hält besser die Luftbläschen. Übrig gebliebenes Eiweiß kann aber abgedeckt im Kühlschrank bis zur weiteren Verwendung einige Tage aufbewahrt werden.
- Damit ein Soufflé nicht zu schnell zusammenfällt, kann vor der Zugabe von Eigelb und Eischnee ein ungeschlagenes Eiweiß in die noch heiße Masse gerührt werden.
  Übrigens: Eischnee gelingt besonders gut mit 1 Messerspitze Salz oder einigen Tropfen Zitronensaft.

Béchamelsauce – Grundlage vieler Aufläufe und Soufflés, sollte etwas dicker gekocht werden,

Feuerfeste Formen gibt es in allen Größen und Ausführungen von klassisch bis modern. So kommen feine Aufläufe, Gratins, Soufflés und Flans appetitlich angerichtet direkt vom Ofen auf den Tisch.

Wenn die Zeit es erlaubt, kann man Kartoffeln und Gemüse dachziegelartig einschichten, dann wird das Gericht zu einer besonderen Freude für Auge und Gaumen.

weil sie sich beim Vermischen mit anderen Zutaten, wie etwa Gemüse, wieder verdünnt. Sie sollte auch etwas abgekühlt sein, bevor man sie in die Form gibt.

Aufläufe und ganz besonders Soufflés gehen beim Garprozess auf, darum sollte die **Form** stets nur zu höchstens drei Vierteln gefüllt werden.

- Ein Auflauf mit Kartoffeln sieht besonders gut aus, wenn die letzte Schicht Kartoffelscheiben fächerartig ausgelegt wird.
- Soufflés benötigen eine hohe, innen glatte Form mit geradem Rand, um im Ofen schön aufgehen zu können. Kleine Soufflé-Formen können durch einen außen aufgesetzten Kragen aus Backpapier erhöht werden.
- Für ein Gratin sollte man eine weite, flache Form wählen. So erhält man eine größere Oberfläche, was Liebhaber von Knusprigem begrüßen werden. Es empfiehlt sich darauf zu achten, dass die Form nach dem Einfüllen der Zutaten nicht verschmiert ist, denn beim Backen verbrennen die am Rand klebenden kleinen Speiseteilchen. Das sieht nicht gut aus und die Form ist später auch schwer zu reinigen.

Übrigens: Das Stürzen eines Flans gelingt besser, wenn die Förmchen nach dem Einfetten für 20 bis 30 Minuten in den Kühlschrank gestellt und danach erst gefüllt werden.

Ein Auflauf benötigt im **Backofen** Ruhe. Er sollte beim Aufgehen nicht gestört werden. Die Ofentür sollte also möglichst zwischendurch nicht geöffnet werden. Schon leichte Erschütterungen oder ein Luftzug verhindern das Soufflieren.
Ein Fenster in der Backofentür ist hier von großem Vorteil. So lässt sich die Oberfläche des Auflaufs schön beobachten, ohne dass der Garprozess gestört wird.

- Aufläufe, Gratins und Soufflés dürfen beim Backen nie direkt auf den Backofenboden oder ein Backblech gestellt werden, sondern müssen immer auf einem Rost stehen.
- Die Förmchen für Flans, die im Wasserbad garen, damit die Hitze von allen Seiten gleichmäßig wirkt, können – um diesen Effekt zu erzielen – zusätzlich noch auf einen Drahteinsatz gesetzt werden. Dieser sorgt für den nötigen Abstand zur größeren Hitze am Boden.

Die Prüfung des **Garzustands** bei Aufläufen kann auf folgende Weise geschehen:

- mit einem speziellen feinen Metallstäbchen, einer Rouladennadel oder einem Holzstäbchen hineinstechen. Beim Herausziehen darf nichts daran hängen bleiben.
- die Garprobe für einen Flan ist einfach durchzuführen. Bei leichtem Fingerdruck muss die Oberfläche elastisch nachgeben.
- Sollte das Gericht schon gar sein, die Oberfläche jedoch noch nicht die richtige Farbe haben, kann für kurze Zeit der Grill zugeschaltet werden. Ist die Oberfläche schon knusprig braun, der Auflauf aber noch nicht gar, kann er mit einer Alufolie abgedeckt werden.

Der fertige Auflauf sollte vom Ofen möglichst schnell auf den Tisch kommen. Das gilt besonders für Soufflés und feine Gratins. Große Aufläufe mit mehreren Schichten kühlen nicht so schnell ab und können außerdem auch noch etwas im abgeschalteten Ofen verbleiben, falls die Gäste auf sich warten lassen. Manche Aufläufe – und nicht nur süße – schmecken aber auch kalt gut, und das auch noch am nächsten Tag.

Wenn alle helfen, ist ein Auflauf schnell vorbereitet und in den Ofen gestellt. Während er gart, kann man sich schon einmal um den Tisch versammeln, ein Gläschen zusammen trinken und sich auf die gemeinsame Mahlzeit freuen.

Und zum Schluss der Käse!

Viele Käsesorten eignen sich zum Überbacken. Am besten einfach einmal probieren, was einem am besten schmeckt!

Käse ist für die meisten herzhaften Aufläufe unentbehrlich. Er gibt den letzten geschmacklichen Schliff und sorgt für eine leckere Oberfläche. Hier stellen wir Ihnen ganz kurz die in den Rezepten verwendeten Sorten vor. Die Fettangaben beziehen sich auf den Prozentanteil in Trockenmasse.

Caciocavallo – traditioneller römischer Käse aus Kuhmilch. Pikanter Reibekäse, der aber auch als Tafelkäse geschätzt wird. Reift in verschiedenen Formen geschnürt und in Paaren aufgehängt, 44 % Fett.

Edamer – milder Käse aus Kuh-Vollmilch mit einer dünnen

natürlichen Rinde und roter Wachsschicht. Benannt nach einem Städtchen in Nord-Holland, 30–50 % Fett.

Emmentaler – nusskernartiges Aroma, zieht beim Erhitzen etwas Fäden. Die Laibe können bis zu 120 kg wiegen. Charakteristisch sind die Löcher, 45 % Fett.

Feta – griechischer Käse aus Schaf- oder auch Ziegenmilch. Ein Lake-Käse, der in gepresster und geschnittener Form in den Handel kommt, halbfest bis weich, von weißer Farbe und pikant-salzigem Geschmack, 50 % Fett.

Fontina – Kuhmilchkäse aus dem Aostatal mit würzigem, angenehm süßlichem Aroma. Als Tafelkäse beliebt, aber auch zum Kochen geeignet, da er leicht schmilzt, 45 % Fett.

Gorgonzola – italienischer Edelpilzkäse aus Kuhmilch, benannt nach einem Ort in der Lombardei. Er ist von grünblauen Adern durchzogen und hat einen ausgeprägt pikanten Geschmack. Wird auch für Saucen und Desserts verwendet, 48 % Fett.

Gouda – der wohl bekannteste holländische Käse, früher aus Rohmilch, heute aus pasteurisierter Kuhmilch. Mit zunehmender Reife verändern sich Konsistenz, Farbe und Geschmack. Zum Überbacken eignet sich vor allem junger bis mittelalter Gouda, 30–50 % Fett.

Gruyère – Schweizer Käse aus Kuhmilch, ähnelt in Aussehen und Geschmack dem Emmentaler, zieht aber beim Kochen keine Fäden, 45 % Fett.

Übrigens: Für die Liebhaber von Aufläufen empfiehlt sich die Anschaffung einer leistungsfähigen Käsereibe, mit der man die verschiedenen Käsesorten je nach Konsistenz und Bedarf schnell in grobe oder feine Raspeln reiben kann.

Die nun folgenden Rezepte sind nach Hauptzutaten gegliedert. Den Anfang machen die Aufläufe mit Kartoffeln und Gemüse, das natürlich vorzugsweise frisch auf dem Markt eingekauft wird.
Wir wünschen Ihnen gutes Gelingen!

Hüttenkäse (Cottage cheese) – ein körniger Frischkäse aus Magermilch mit Frischkäsebruch und Sahne, 20–50 % Fett.

Manchego – spanischer Käse aus Schafmilch mit kräftigem Geschmack, 50–62 % Fett.

Mascarpone – italienischer Frischkäse aus Kuhmilch von weißer bis gelblicher Farbe mit sahnig-mildem Geschmack, 70 % Fett.

Mozzarella – italienischer, elastisch weißer Frischkäse, in Form von Kugeln oder kleinen Laiben in Salzlake oder Molke im Handel. Früher wurde er ausschließlich aus Büffelmilch hergestellt, inzwischen wird auch Kuhmilch dafür verwendet, 45–50 % Fett.

Parmesan – ein königlicher Kuhmilch-Käse aus Norditalien von körniger Beschaffenheit, mit würzigem Aroma. Meist wird er gerieben verwendet, in Stücke gebrochen aber auch als Tafelkäse genossen. Geschützt sind die Herkunftsbezeichnungen Parmigiano Reggiano und Grana Padana, mind. 32 % Fett.

Pecorino – ursprünglich ein Schafmilchkäse aus verschiedenen italienischen Regionen, inzwischen wird er auch aus Kuhmilch hergestellt. Je nach Alter findet er Verwendung als Tafel- oder Reibekäse, 36–45 % Fett.

Provolone – italienischer Kuhmilchkäse, der in vielen Formen, Reifegraden und Geschmacksrichtungen im Handel ist, 44 % Fett.

Quark – geschmeidiger, milchsäuerlicher Frischkäse, erhältlich – je nach Herkunft – mit einem Fettgehalt von 0,2–40 %.

Raclette – Schweizer Käse aus Kuhmilch, der aber auch in Frankreich hergestellt wird. Ausgeprägtes, nussartiges Aroma, 45 % Fett.

Reblochon – halbfester französischer Kuhmilchkäse aus Savoyen, 45–50% Fett.

Ricotta – italienischer Frischkäse aus Kuh- oder Schafmilch, erhältlich als Ricotta salata, schnittfest und gesalzen, oder als Ricotta dolce, bis zu 30 % Fett.

Roquefort – französischer Edelpilzkäse aus Schafmilch mit kräftigem Aroma, ursprünglich nur aus der Gegend des gleichnamigen Ortes. Auch für Saucen und Desserts geeignet, 48 % Fett.

Sbrinz – Schweizer Käse aus Kuhmilch, pikant-aromatisch, für Saucen und Aufläufe besonders gut geeignet, da er ohne Fäden zerfließt, 45 % Fett.

Ziegenkäse – frischer Weichkäse aus Ziegenmilch mit Außenschimmel, cremig, schwach gesalzen, leicht säuerlich, 45 % Fett.

Mit Gemüse und Kartoffeln

Tomaten-Paprika-Auflauf mit Kräuter-Brot

TOMATEN-PAPRIKA-AUFLAUF
Für 2 Personen

4 Eiertomaten
1 grüne Paprikaschote
1 kleine rote Pfefferschote
1 Frühlingszwiebel
1 Knoblauchzehe
Olivenöl für die Teller
1 TL grüne eingelegte Pfefferkörner
Salz
150 g Frischkäse
2 Eier

KRÄUTER-BROT
175 g Mehl, Type 405
175 g Mehl, Type 1050
30 g Hefe
1 TL Zucker
500 g Kartoffeln
⅛ Liter Milch
1 Ei
2 EL Olivenöl
gemischte Kräuter wie Rosmarin, Salbei, Schnittlauch, Lavendel, Thymian, so dass nach dem Hacken 2 EL zur Verfügung stehen
Salz
Butter oder Öl für das Blech

Tipp:
Je nach Feuchtigkeit der Kartoffeln eventuell etwas mehr Mehl unterkneten.

TOMATEN-PAPRIKA-AUFLAUF
Eiertomaten, Paprikaschote und Pfefferschote waschen. Die Paprika- und Pfefferschote aufschneiden, entkernen und die Zwischenwände entfernen. Die Tomaten halbieren, den Stielansatz entfernen und die Früchte würfeln. Die Frühlingszwiebel waschen und in schmale Ringe schneiden. Die Knoblauchzehe abziehen und zerdrücken. Den Backofen auf 190–200 °C vorheizen.
Zwei feuerfeste Portions-Auflaufteller mit Olivenöl ausstreichen. Das vorbereitete Gemüse darin verteilen. Mit Pfefferkörnern bestreuen und salzen. Den Frischkäse mit den Eiern verrühren und darüber gießen. Für etwa 15 Minuten in den vorgeheizten Backofen stellen, bis alles goldgelb und die Masse fest ist. Mit Stangenweißbrot oder dem Kräuterbrot servieren.

KRÄUTER-BROT
Die beiden Mehlsorten in eine große Schüssel geben und mischen. In die Mitte eine Vertiefung drücken, die Hefe hineinbröckeln, mit dem Zucker bestreuen und mit 50 Milliliter warmem Wasser verrühren. Abgedeckt an einem warmen Ort 15–20 Minuten gehen lassen.
Die Kartoffeln waschen, schälen, fein reiben und pressen. Die Milch erhitzen und die Kartoffeln damit übergießen. Den Vorteig mit den Kartoffeln vermischen, Ei und Olivenöl zugeben.
Die Kräuter waschen, trockentupfen, die Blättchen von den Stielen zupfen und hacken. Mit dem Salz unter den Teig kneten. An einem warmen Ort etwa 40 Minuten gehen lassen.
Den Backofen auf 220 °C vorheizen. Ein Blech einfetten und den Teig zu 1 oder 2 kleinen Broten formen. Auf das Blech setzen und nochmals etwa 30 Minuten abgedeckt gehen lassen. Für 45–60 Minuten in den Backofen stellen.

Eier im Nest

Für 2 Personen

6–8 eingelegte Sardellenfilets
4 Eiertomaten
2 Frühlingszwiebeln
4 Zweige glattblättrige Petersilie
Butter für die Formen und für die Eier
2 Eier
125 g cremiger Naturjogurt
nach Belieben 4 EL süße Sahne oder Milch
1 TL Speisestärke
wenig Salz und Pfeffer

Die Sardellen ½ Stunde wässern. Die Eiertomaten und Frühlingszwiebeln waschen. Die Eiertomaten in Scheiben und die Frühlingszwiebeln in Ringe schneiden. Die Petersilie waschen, trockentupfen, die Blättchen von den Stielen zupfen und hacken.
Den Backofen auf 190 °C vorheizen. Zwei feuerfeste Portions-Auflaufteller mit der Butter ausstreichen. Die Tomaten fächerartig darin anordnen. In der Mitte Platz lassen, damit das aufgeschlagene Ei hineinpasst. Das Eigelb mit jeweils 1 Teelöffel Butter belegen.
Mit Frühlingszwiebeln und Petersilie bestreuen. Die Sardellenfilets trockentupfen und mit hineinlegen. Jogurt, Sahne oder Milch und Speisestärke verrühren. Mit Salz und Pfeffer würzen und auf die Tomaten gießen. Für etwa 10 Minuten in den Backofen stellen.

Bei der Verwendung von Eiern muss man sich wegen des Cholesterins weniger Gedanken machen, als allgemein angenommen wird. Wie langjährige Untersuchungen ergeben haben, ist der Cholesteringehalt in letzter Zeit zurückgegangen. Als Grund dafür werden Änderungen der Zuchtrichtung und Verbesserungen der Futtermischungen für die Hühner angegeben. Bekannt ist auch, dass die Farbe der Schale eine gewisse Rolle spielt. So enthalten braune Eier 4 bis 11 Prozent weniger Cholesterin als die weißen. Außerdem spielt auch das Alter der Hühner eine Rolle. Ferner sollte noch bedacht werden, dass Cholesterin auch in vielen anderen tierischen Lebensmitteln wie Wurst, Butter oder Käse vorkommt.

Aber bitte mit Tomaten!

TOMATEN-AUFLAUF MIT MOZZARELLA
2 gelbe oder grüne Zucchini
5–6 Eiertomaten
375 g Mozzarella
2 Bund Basilikum
¼ Liter süße Sahne
100 g Crème fraîche
2 Eier
Salz
frisch gemahlener schwarzer Pfeffer
Butter für die Form

Tipp:
Nach Belieben eine geschälte Knoblauchzehe und eine Schalotte mit in den Mixer geben.

AUBERGINEN-AUFLAUF MIT TOMATEN
2 Auberginen von je 200–250 g
etwa ⅛ Liter Olivenöl
Salz
frisch gemahlener schwarzer Pfeffer
3 Msp. gemahlener Kreuzkümmel
5–6 Tomaten
200 g Mozzarella
3–4 Eier
8 EL Milch
40 g frisch geriebener Hartkäse wie Parmesan, Pecorino, Sbrinz oder Caciocavallo

TOMATEN-AUFLAUF MIT MOZZARELLA (unten)
Die Zucchini und die Tomaten waschen, trockentupfen und in Scheiben schneiden. Den Käse ebenfalls in Scheiben schneiden. Den Backofen auf 200 °C vorheizen.
Das Basilikum waschen, trockentupfen, die Blättchen von den Stielen zupfen und mit Sahne, Crème fraîche und Eiern in den Mixer geben und pürieren. Mit Salz und Pfeffer würzen.
Eine feuerfeste Auflaufform mit Butter ausstreichen. Abwechselnd Zucchini-, Tomaten- und Mozzarellascheiben einschichten. Mit der Basilikumsahne übergießen und für etwa 20 Minuten in den Backofen stellen. Mit frischem Stangenweißbrot servieren.
Heiß, warm oder kalt ist dieser Auflauf gleichermaßen ein Genuss.

AUBERGINEN-AUFLAUF MIT TOMATEN (oben)
Die Auberginen waschen, trockentupfen und in Scheiben schneiden. Das Olivenöl in einer weiten Pfanne erhitzen. Die Auberginenscheiben darin beidseitig je 3–4 Minuten braten. Mit Salz, Pfeffer und Kreuzkümmel würzen. Die Tomaten nach Belieben überbrühen, häuten und zusammen mit dem Mozzarella in Scheiben schneiden.
Den Backofen auf 190 °C vorheizen. Eine kleine feuerfeste Auflaufform mit den Auberginenscheiben auslegen. Darauf zuerst die Tomatenscheiben legen und dann den Mozzarella. Die Eier mit der Milch verquirlen und darüber gießen. Mit dem Käse bestreuen und für etwa 20 Minuten in den Backofen geben.

Die ursprüngliche Heimat der Aubergine, einem Nachtschattengewächs wie auch die Tomate, ist vermutlich Indien. Heute wird sie in allen tropischen, subtropischen und gemäßigten Klimazonen im Freien angebaut. Auberginensaison ist von März bis Oktober, beim Anbau in Gewächshäusern ganzjährig.
In der europäischen Küche hat sich die Aubergine einen festen Platz erobert: wegen des Vitaminreichtums (vor allem B1 und B2 in ihrer Schale), wegen der wenigen Kalorien und nicht zuletzt wegen ihres zarten Geschmacks, der viele Kombinationsmöglichkeiten bietet.

Blumenkohl-Brokkoli-Auflauf

1 kleiner Blumenkohl
Salz
¼ Liter Milch
400–500 g Brokkoli
40 g Butter
40 g Mehl
frisch gemahlener weißer Pfeffer
abgeriebene Muskatnuss
nach Belieben 1 Msp. Currypulver
150 g frisch geriebenen Käse wie Edamer, Emmentaler oder Gruyère
Butter für die Form
2 Eier

Tipps:
Beim Putzen des Blumenkohls alle Blätter entfernen und kleine dunkle Stellen herausschneiden. Soll der Kopf im Ganzen gegart werden, den Strunk von unten kreuzweise einschneiden, so wird er beim Kochen weich.

Den Blumenkohl waschen, putzen und 10 Minuten in kaltes Salzwasser legen, um Ungeziefer daraus zu vertreiben. Frisches Wasser mit der Milch zum Kochen bringen, salzen, den Blumenkohl hineingeben und knapp gar kochen. Den Blumenkohl etwas erkalten lassen und in Röschen zerpflücken.
Neues Kochwasser aufsetzen und leicht salzen. Den Brokkoli ebenfalls waschen, putzen, in Röschen zerpflücken und ins kochende Salzwasser geben. In etwa 6 Minuten bissfest kochen.
Die Butter in einem Topf erhitzen, das Mehl einstreuen und durchschwitzen lassen. Mit ¼ Liter Blumenkohlwasser unter Rühren nach und nach ablöschen. Mit Salz, Pfeffer, Muskatnuss und nach Belieben Curry würzen.
8 Minuten bei mäßiger Temperatur kochen lassen. 100 Gramm Käse einrühren und vom Herd nehmen. Den Backofen auf 200 °C vorheizen.
Eine feuerfeste Auflaufform mit Butter ausstreichen. Blumenkohl und Brokkoli in die Form geben. Die Eier in die Sauce rühren und diese über das Gemüse gießen. Mit dem restlichen Käse bestreuen und für etwa 25 Minuten in den Backofen stellen.

Zweifellos ist der Blumenkohl einer der feinsten Vertreter der Kohlfamilie. Der Kohlkopf, der noch nicht voll entwickelte Blütenstand, ist im Allgemeinen weiß, weil die Deckblätter den Kopf weitgehend vor Sonnenlicht schützen. Zunehmend werden jedoch auch farbige – gelbe, grüne bis violette – Blumenkohlsorten kultiviert. Brokkoli, ein naher Verwandter, ist noch reicher an Vitaminen A, B und C sowie Mineralstoffen, auch schmeckt er aromatischer. Zu beiden Kohlsorten sind Kartoffeln eine beliebte geschmackliche Ergänzung.

Gratinierte Teltower Rübchen

600 g Kartoffeln
Salz
750 g Teltower Rübchen
½ Bund Schnittlauch
30 g Butter
1 EL Zucker
1–1½ EL Mehl
etwa 175 ml Wasser, Gemüse- oder Hühnerbrühe
frisch gemahlener weißer Pfeffer
Butter für die Form
150 g frischer Ziegenkäse

Die Kartoffeln waschen, schälen, in Scheiben schneiden, in Salzwasser in etwa 18 Minuten gar kochen und abgießen. Die Rübchen waschen, putzen, schälen und in Stifte schneiden. Den Schnittlauch waschen und in Röllchen schneiden.
Die Butter in einem Topf schmelzen lassen. Den Zucker zufügen und goldgelb werden lassen. Die Rübchen zufügen, einige Minuten unter Rühren andünsten. Das Mehl darüber streuen und durchschwitzen lassen. 125 Milliliter Wasser oder Brühe angießen und köcheln lassen. Den Rest Wasser oder Brühe noch dazugeben. Etwa 20 Minuten bei mäßiger Temperatur garen lassen. Mit Salz und Pfeffer würzen.
Den Grill auf mittlere Stufe vorheizen. Eine feuerfeste Auflaufform mit Butter ausstreichen. Die Kartoffeln hineingeben. Die Rübchen zufügen, mit Schnittlauch bestreuen und mit dem in Scheiben geschnittenen Käse abdecken. Etwa 5 Minuten unter den Grill stellen, bis der Käse zu schmelzen anfängt und goldgelb wird.

Unter allen Rübenarten nimmt das kleine, feine Teltower Rübchen für die Küche eine besondere Stellung ein. Der Name rührt von dem ursprünglichen Anbaugebiet um Teltow in der Mark Brandenburg her, wo dieses Gemüse auf sandigem Boden bestens gedeiht. Erntezeit ist von Mai bis August und von Oktober bis November. Die so genannten Mairübchen sind die zartesten im Geschmack.

Kartoffel-Spinat-Auflauf

Für das Kartoffelpüree:
750 g Kartoffeln
Salz
25 g Butter
¼ Liter Milch
abgeriebene Muskatnuss

300 g Spinat
frisch gemahlener schwarzer Pfeffer
2 Msp. Majoran
1 altes Brötchen oder 1 Stück Baguettebrot von etwa 50 g
1 kleine Zwiebel
2 EL Olivenöl
125 g Mascarpone
2 Eier
2 Msp. Piment
Butter für die Form

Tipp:
Für Vorspeisen und kleine Partyhäppchen nur die Spinatmischung herstellen und in eine runde Form füllen. Erkaltet in kleine Stücke schneiden und nach Belieben mit dünnen Schinkenscheiben oder geräuchertem Lachs servieren.

Die Kartoffeln waschen, schälen, vierteln und im Salzwasser etwa 20 Minuten gar kochen. Heiß durch die Kartoffelpresse drücken. Die Butter unterrühren. Die Milch erhitzen und mit den Kartoffeln verrühren. Mit Salz und Muskatnuss gut abschmecken.
Den Spinat waschen, verlesen und die groben Stiele entfernen. Mit dem anhaftenden Wasser und eventuell noch 2 Löffel Wasser in einen Topf geben und 5 Minuten garen. Mit Salz, Pfeffer und Majoran würzen.
Das Brötchen oder Baguettebrot reiben. Die Zwiebel abziehen und würfeln. Das Olivenöl in einer Pfanne erhitzen und die Zwiebel darin glasig dünsten, herausnehmen und zusammen mit dem Spinat pürieren. Geriebenes Brot, Mascarpone und Eier unterrühren. Mit Salz, Pfeffer und Piment gut abschmecken. Den Backofen auf 200 °C vorheizen.
Eine möglichst runde, flache feuerfeste Form von 24 bis 26 Zentimetern Durchmesser mit Butter ausstreichen. Das Kartoffelpüree in einen Spritzbeutel geben und rosettenförmig in die Form füllen. In die Mitte die Spinatmischung geben. Für etwa 40–45 Minuten in den Backofen stellen.

Ende des 15. Jahrhunderts brachten spanische Seefahrer die Kartoffel aus Amerika mit, wo sie von den Inkas als eines ihrer Hauptnahrungsmittel angebaut wurde. Erst viel später kam sie auch nach Deutschland. Sie fand jedoch zunächst kein großes Interesse. Friedrich der Große erkannte ihren Wert. Um den immer wiederkehrenden Hungersnöten zu begegnen, erzwang er mit seinem „Kartoffelbefehl" den Anbau. Und nun würde die inzwischen entwickelte Vielzahl leckerer Kartoffelgerichte allein schon einen guten Teil seines Beinamens rechtfertigen.

Zucchini-Auflauf mit Minze

500 g Zucchini
1 Zwiebel
1–2 Knoblauchzehen
1 großes Bund marokkanische Minze
4–5 EL Olivenöl
Salz
frisch gemahlener schwarzer Pfeffer
⅛ Liter süße Sahne
4 Eier
200 g Doppelrahm-Frischkäse
2–3 Msp. Paprikapulver, edelsüß
2–3 Msp. Piment
2 Msp. Kreuzkümmel

Butter für die Form

Die Zucchini waschen und ungeschält in dünne Scheiben schneiden. Die Zwiebel und die Knoblauchzehen abziehen. Die Zwiebel würfeln und den Knoblauch zerdrücken. Die Minze waschen, trockentupfen, die Blättchen von den Stielen zupfen. Die Hälfte des Öls in einer weiten Pfanne erhitzen. Die Zucchini unter Wenden einige Minuten braten. Mit Salz und Pfeffer würzen und herausnehmen.
Das restliche Öl in der Pfanne erhitzen und die Zwiebel darin andünsten, den Knoblauch zufügen, 2 Minuten in der Pfanne belassen und herausnehmen.
Zwiebel, Knoblauch und Minze mit dem Schneidstab des Handrührers pürieren. Sahne, Eier sowie den Frischkäse zufügen und vermischen. Mit Salz, wenig Pfeffer, Paprikapulver, Piment und Kreuzkümmel gut abschmecken.
Den Backofen auf 200 °C vorheizen.
Eine feuerfeste Auflaufform oder 4 Portionsformen mit Butter ausstreichen. Die Zucchinischeiben fächerförmig anordnen. Die Eier-Minz-Mischung darüber gießen und den Auflauf für etwa 25 Minuten in den Backofen stellen.

Seit der Antike wird Minze als Würze verwendet. Heute ist sie vor allem im Nahen und Mittleren Osten sowie in Nordafrika sehr beliebt. Aus der fast unübersehbaren Zahl an Arten, die die stark duftende Pflanze durch Selbstkreuzung hervorgebracht hat, ist grüne Minze die am meisten angebaute Sorte. Ihre ätherischen Öle, vor allem Menthol, geben diesem Auflauf die besondere Note.

Spargel-Auflauf mit Ei

1 kg Spargel
Salz
1 TL Zucker
1 TL Butter

Für die Béchamelsauce:
50 g Butter
40 g Mehl
knapp ⅛ Liter
süße Sahne
Salz
frisch gemahlener
weißer Pfeffer
abgeriebene Muskatnuss

Butter für die Form
4 Eigelb
40 g geriebener Käse
(Emmentaler oder ein
Hartkäse wie Provolone
oder Parmesan)

Tipp:
Frischen Spargel erkennt man an der glänzenden Schale, saftigen, glatten Schnittstellen sowie weißen Köpfen.

Den Spargel schälen und in etwa 4 Zentimeter lange Stücke schneiden. Wasser zum Kochen bringen. Salz, Zucker und Butter zufügen und den Spargel hineingeben. Je nach Dicke des Spargels in etwa 15 Minuten gar kochen, er sollte noch Biss haben.
Abgießen und das Spargelwasser aufbewahren.
Für die Béchamelsauce die Butter erhitzen. Das Mehl einstreuen, goldgelb durchschwitzen lassen und nach und nach unter Rühren mit ½ Liter Spargelbrühe auffüllen. Die Sahne zugießen. Mit Salz, Pfeffer und Muskatnuss würzen. Bei mäßiger Temperatur 8 Minuten kochen lassen.
Den Backofen auf 200–210 °C vorheizen.
Eine feuerfeste Auflaufform mit Butter ausstreichen. Die Spargelstücke in die Form schichten, mit der Béchamelsauce übergießen und 4 kleine Vertiefungen eindrücken. Da hinein jeweils 1 Eigelb gleiten lassen. Den Auflauf mit Käse bestreuen und für etwa 20 Minuten in den Backofen stellen.

Feinschmecker freuen sich alle Jahre wieder auf den Mai. Dann beginnt die Zeit des Spargelstechens. Mit Recht gilt frischer Spargel als eine besondere Delikatesse. Schon den Ägyptern muss er vor mehr als 4500 Jahren geschmeckt haben, sonst wäre ihm wahrscheinlich die Ehre einer Reliefdarstellung in den Grabkammern der Pyramiden nicht zuteil geworden.
Nicht nur den köstlichen Geschmack wusste man zu schätzen, auch seine Heilkräfte waren bekannt. Der griechische Arzt Hippokrates (um 460 v. Chr.) empfahl seinen Patienten Spargelgerichte bei Übergewicht und Hautproblemen. Er ist kalorienarm und besitzt einen geringen Anteil an Kohlenhydraten, deshalb eignet sich dieses Gemüse vor allem für Diabetiker. Und die harntreibende Wirkung dürfte aus eigener Erfahrung bekannt sein …

Steinpilz-Apfel-Gratin

400 g Steinpilze
400 g Äpfel
Butter für die Form
1 Zweig frischer Thymian
1 Zweig frischer Oregano
1 Schalotte
1 Knoblauchzehe
2 EL Crème fraîche
1/8 Liter süße Sahne
1 TL Zitronensaft
2 Eier
Salz
Pfeffer

Die Steinpilze gut mit einem Pinsel reinigen und möglichst wenig von den Stielenden abschneiden. Die Pilze in Scheiben schneiden. Die Äpfel waschen, vom Kerngehäuse befreien, vierteln und ebenfalls in Scheiben schneiden. Eine Auflaufform mit Butter ausstreichen und Pilze sowie Äpfel dachziegelartig einschichten. Den Thymian und Oregano waschen, trockentupfen, die Blättchen von den Stielen zupfen und hacken. Über die Pilze und Äpfel streuen. Den Backofen auf 180–190 °C vorheizen.

Die Schalotte und die Knoblauchzehe abziehen. Zusammen mit Crème fraîche, Sahne, Zitronensaft und Eiern in einen Mixer geben und pürieren. Mit Salz und Pfeffer würzen. Über die Pilze und Äpfel gießen und für 20–25 Minuten in den Backofen stellen.

Auf Märkten und in Geschäften sind die Körbe vom Spätsommer bis in den Winter hinein randvoll mit Pilzen gefüllt. Der edle Steinpilz, ein dickfleischiger Waldbewohner, zeichnet sich besonders durch sein markantes, wohlschmeckendes Aroma aus. In der Kombination mit dem feinen Apfelaroma wird dieses Gratin zu einem kulinarischen Erlebnis.

Gratinierter Kohlrabi in Mornaysauce

1 kg Kohlrabi (je nach Größe 2–3 Stück)
30 g Butter
Salz
frisch gemahlener weißer Pfeffer

Für die Mornaysauce:
40 g Butter
40 g Mehl
½ Liter Milch
Salz
frisch gemahlener weißer Pfeffer
80–100 g frisch geriebener Parmesan

Butter für die Form
1 Eigelb

Die Kohlrabi schälen und in gleichmäßige mundgerechte Scheiben oder Stücke schneiden. Die zarten Blätter des Kohlrabi waschen und hacken. Die Butter in einem Topf erhitzen und den Kohlrabi sowie die Blätter hineingeben, unter Rühren 5 Minuten andünsten. Knapp ¼ Liter Wasser zufügen, salzen und pfeffern. Abgedeckt bei mäßiger Temperatur etwa 12 Minuten kochen lassen.
Währenddessen die Mornaysauce herstellen. Die Butter in einem Topf erhitzen. Das Mehl einstreuen und goldgelb durchschwitzen lassen. Unter Rühren nach und nach die Milch angießen. Etwa 8 Minuten bei niedriger Temperatur kochen lassen. Mit Salz und Pfeffer würzen, öfters rühren und nicht ansetzen lassen. Vom Herd nehmen und den Käse einrühren. Den Backofen auf 200–210 °C vorheizen. Eine feuerfeste Auflaufform oder 4 Portionsteller mit Butter ausstreichen. Die Sauce mit dem Eigelb legieren. Den Kohlrabi samt verbliebener Flüssigkeit zu der Sauce geben und alles vermischen. In die Form füllen und in die obere Schiene des Backofens stellen. Etwa 25 Minuten goldgelb überbacken.

Ob rotviolett oder grün, das knackige Fleisch des Kohlrabi, der ursprünglich im Mittelmeerraum beheimatet war, ist immer weiß. Botanisch gesehen gehört Kohlrabi zu den Kohlgewächsen, von der Form her ist er eher den Rüben zuzuordnen. Doch sein Geschmack erinnert weder an Kohl noch an den einer Rübe. Aus seiner Familienzugehörigkeit und dem lateinischen wie auch italienischen Wort „rapa“ für Rübe entstand im deutschen Sprachraum die heutige Bezeichnung Kohlrabi. Sein zartes Aroma kommt bei diesem Auflauf zur vollen Entfaltung.

Mohrrüben-Flan mit Koriander-Sauce

Für die Koriandersauce:
1 Bund frischer Koriander
100 g Frischkäse mit
0,2 % Fettgehalt
3 EL Milch
Salz
frisch gemahlener
weißer Pfeffer

Für den Mohrrübenflan:
Butter für die Förmchen
1–2 Schalotten
300 g Mohrrüben
1 Stück frischer Ingwer
von etwa 1,5 cm
40 g Butter
etwa 4 EL Gemüse-,
Hühner- oder Kalbsbrühe
Salz
frisch gemahlener
weißer Pfeffer
2 Msp. gemahlener
Koriander
50 ml süße Sahne
2 TL Speisestärke
2 Eier

Für die Koriandersauce den Koriander waschen, trockentupfen, die Blättchen von den Stielen zupfen, einige für die Garnitur zurückbehalten und den Rest hacken. Den Frischkäse mit Milch verrühren. Den Koriander unterziehen, mit Salz und Pfeffer abschmecken und kühl stellen.
Für den Mohrrübenflan 4 kleine Timbale- oder Soufflèförmchen gut mit Butter ausstreichen und in den Kühlschrank stellen.
Die Schalotten abziehen und fein würfeln. Die Mohrrüben waschen, schälen und in Scheiben schneiden. Den Ingwer schälen und hacken. Die Butter in einem Topf zerlassen, die Schalotten darin einige Minuten andünsten, ohne dass sie Farbe annehmen. Die Mohrrüben zufügen und wenige Minuten dünsten. Die Brühe zugeben und mit Salz, Pfeffer sowie Koriander würzen. Abgedeckt bei mäßiger Temperatur etwa 15 Minuten kochen lassen. Den Backofen auf 180 °C vorheizen. Die Sahne angießen, erhitzen, die Mohrrüben vom Herd nehmen und pürieren. Die Speisestärke mit den Eiern verrühren und zufügen. In die Förmchen füllen und leicht auf die Tischplatte stoßen, damit alle Luftbläschen entweichen.
Die kleinen Förmchen in eine große Auflaufform oder in die Fettpfanne des Backofens stellen. Warmes Wasser angießen, so dass sie halb oder höchstens bis zu zwei Dritteln im Wasserbad stehen und für 30–35 Minuten in den Backofen stellen. Mit einem Hölzchen die Garprobe machen. Den Inhalt der Förmchen mit einem spitzen Messer am Rand entlang lockern und auf Teller stürzen. Warm mit der kalten Koriandersauce servieren.

Ob Mohrrübe, Möhre, gelbe Rübe oder Karotte genannt, sie ist heute eines der wichtigsten Gemüse und wird auch auf der ganzen Welt angebaut. Funde aus den jungsteinzeitlichen Pfahlbauten am Bodensee belegen außerdem, dass es schon sehr früh geschätzt und kultiviert wurde.
Die Wurzel hat es ja auch in sich: je rötlicher ihre Farbe, desto höher der Gehalt an Carotin, einer Vorstufe des Vitamin A. Die Bundmöhren, die von Frühling bis Sommer angeboten werden, schmecken am feinsten, können jedoch nicht lange bevorratet werden.

Zweimal Kartoffel-Gratin

KARTOFFEL-GRATIN AUF SAVOYISCHE ART
150 g Tomme de Savoie, Reblochon oder ersatzweise Emmentaler
700–750 g möglichst fest kochende Kartoffeln
400 ml Hühnerbrühe
Salz, frisch gemahlener weißer Pfeffer
abgeriebene Muskatnuss
nach Belieben 1 EL Schnittlauchröllchen
40 g Butter

Tipp:
Vor dem Einschichten der Kartoffeln die Form mit Knoblauch ausreiben.

KARTOFFEL-GRATIN
800 g Kartoffeln
1 Knoblauchzehe
Butter für die Form
100 ml Milch
200 ml süße Sahne
150 g Crème fraîche
Salz, frisch gemahlener weißer Pfeffer
abgeriebene Muskatnuss

Tipp:
Wer mag, kann in die Sahne-Mischung noch geriebenen Käse wie Emmentaler oder Gruyère einrühren und das Gratin zusätzlich mit Käse bestreuen. Dann sollten aber auch noch zwei Eier mit hineingerührt werden.

KARTOFFEL-GRATIN AUF SAVOYISCHE ART (oben)
Den Käse reiben. Die Kartoffeln waschen, schälen, trockentupfen und in sehr dünne Scheiben schneiden. Den Backofen auf 190 °C vorheizen.
Die Hühnerbrühe zum Kochen bringen, mit Salz, Pfeffer und Muskatnuss gut würzen. Nach Belieben können noch Schnittlauchröllchen in die Hühnerbrühe gegeben werden. Eine feuerfeste Auflaufform mit gut 10 Gramm Butter ausstreichen. Die Kartoffeln dachziegelartig einschichten, dann etwas Käse darüber streuen, nun wieder eine Kartoffelschicht und mit Käse abschließen. Die Hühnerbrühe angießen. Die restliche Butter in Flöckchen darauf verteilen und das Gratin für 50–55 Minuten in den Backofen stellen.

Der Name verrät es schon: der halbfeste Kuhmilchkäse „Tomme de Savoie" mit 20 bis 40 % Fett kommt ursprünglich aus Savoyen. Wegen seines guten Geschmacks wird er heute auch in den angrenzenden Regionen hergestellt. Die typische, graue Schimmelrinde wird vor dem Verzehr entfernt.

KARTOFFEL-GRATIN (unten)
Die Kartoffeln waschen, schälen und in sehr dünne Scheiben schneiden (etwa 3 Millimeter dick). Die Knoblauchzehe abziehen, halbieren und eine feuerfeste Auflaufform damit ausreiben, anschließend mit Butter ausstreichen. Den Backofen auf 180 °C vorheizen.
Die Milch mit Sahne und Crème fraîche verrühren. Mit Salz, Pfeffer und Muskatnuss würzen. Die Kartoffelscheiben dachziegelartig in die Auflaufform schichten und mit der Sahne-Mischung übergießen. Für 1 Stunde in den Backofen stellen.

Dies ist ein klassisches Gratin aus der Dauphiné. Besonders gern wird es zu Lamm gegessen. Erstaunlicherweise schmeckt es trotz seiner Einfachheit immer wieder so gut, dass man nicht genug davon bekommen kann.

Ratatouille-Auflauf

1 Zwiebel
2 Knoblauchzehen
500 g Tomaten
2 Auberginen, insgesamt etwa 500 g
2 Zucchini, etwa 500 g
1 rote und 1 gelbe Paprikaschote
6–7 EL Olivenöl
Salz
frisch gemahlener Pfeffer
2 Zweige frischer Thymian
1 Lorbeerblatt
3 Zweige Basilikum
Butter für die Form
2 Eier
1 TL Speisestärke
5 EL süße Sahne
2 EL Crème fraîche
80 g geriebener halbfester Käse wie Emmentaler, Gruyère oder Fontina

Die Zwiebel und die Knoblauchzehen abziehen. Die Zwiebel würfeln und die Knoblauchzehen zerdrücken. Die Tomaten überbrühen, abschrecken, häuten, grobe Kerne entfernen und das Fruchtfleisch würfeln. Auberginen und Zucchini waschen und in 2–2,5 Zentimeter große Würfel schneiden. Die Paprikaschoten aufschneiden, entkernen, waschen, von den Zwischenwänden befreien und in Stücke schneiden.
Das Olivenöl in einem weiten Topf erhitzen. Die Zwiebel darin andünsten. Auberginen und Paprikaschoten zufügen. Etwa 5 Minuten unter gelegentlichem Rühren garen. Nun Zucchini, Knoblauch und Tomaten zugeben. Mit Salz und Pfeffer würzen. Thymianzweige und Lorbeerblatt hineingeben und etwa 10 Minuten garen. Sofort vom Herd nehmen. Das Basilikum waschen, die Blättchen von den Stielen zupfen und hacken. Etwas für die Garnitur zurückbehalten. Den Backofen auf 190 °C vorheizen. Eine feuerfeste Auflaufform mit Butter ausstreichen. Die Eier mit Speisestärke, Sahne, Crème fraîche und zwei Dritteln des Käses verrühren. Thymianzweige und Lorbeerblatt entfernen. Das Basilikum unter das Gemüse rühren und alles in die Auflaufform füllen. Mit der Eiersahne übergießen und mit dem restlichen Käse bestreuen.
Für 20–25 Minuten in den Backofen stellen, bis der Auflauf goldgelb ist. Mit Basilikumblättchen garniert auftragen.

Warum nicht einmal zu Hause als Auflauf probieren, was sich in der provenzalischen Küche bestens bewährt hat? Zum Gemüseeintopf Ratatouille gehören die für die Mittelmeerregion typischen Gemüse wie Zucchini, Tomaten, Auberginen und Paprikaschoten. Zwiebeln, Knoblauch und Olivenöl dürfen ebenfalls nicht fehlen – ein echtes Sommersouvenir für dunkle nordische Winterabende, besonders wenn Sie das Gericht in der Provence kennen gelernt haben.

FONTINA

Zwiebel-Flan mit Roquefort-Sauce

Für den Flan:
Butter für die Förmchen
400 g Zwiebeln, je nach Größe etwa 4 Stück
1 EL Olivenöl
40 g Butter
1 EL Mehl
100 ml süße Sahne
2 EL Crème fraîche
Salz
frisch gemahlener weißer Pfeffer
abgeriebene Muskatnuss
1–2 Msp. Kreuzkümmel
2 Eier

Für die Roquefortsauce:
40 g Roquefort
75–100 ml Milch
2 EL saure Sahne
2 EL gemahlene Haselnüsse
Salz
frisch gemahlener weißer Pfeffer

Für den Flan kleine Flan- oder Souffléförmchen gut mit Butter ausstreichen und kühl stellen.
Die Zwiebeln abziehen und würfeln. Das Olivenöl in einem weiten Topf erhitzen und die Butter zufügen. Die Zwiebeln darin etwa 5 Minuten unter Rühren bei mäßiger Temperatur andünsten. Die Zwiebeln sollten nur glasig werden, nicht bräunen. Mit dem Mehl überstäuben, kurz durchschwitzen lassen und mit der Sahne ablöschen. 2–3 Minuten köcheln lassen. Vom Herd nehmen, Crème fraîche zufügen und das Ganze mit Salz, Pfeffer, Muskatnuss und Kreuzkümmel würzen. Den Backofen auf 180 °C vorheizen.
Die Eier verquirlen und unter die Masse rühren, in die Förmchen füllen und leicht auf die Tischplatte stoßen, damit alle Luftbläschen entweichen können.
Eine große Form oder die Fettpfanne des Backofens mit warmem Wasser füllen und die Förmchen hineinstellen. Sie sollten zur Hälfte oder höchstens bis zu zwei Dritteln im Wasser stehen. Die Flans für etwa 40 Minuten in den Ofen geben. Bei einer Garprobe mit einem Hölzchen sollte nichts mehr haften bleiben.
Für die Roquefortsauce den Käse mit Milch und saurer Sahne mit dem Schneidstab des Handrührers verrühren oder im Mixer pürieren. Die Haselnüsse zufügen, mit wenig Salz und Pfeffer würzen und mit dem Zwiebel-Flan servieren.

Seit Jahrtausenden werden Zwiebeln, deren Heimat in Asien zu suchen ist, wegen ihrer heilenden Wirkung hoch geschätzt. Als Küchengewürz beziehungsweise Gemüse haben sie sich schon lange unentbehrlich gemacht. Nachdem sie in den vergangenen Jahrhunderten wegen einiger bekannter Eigenschaften für unfein erklärt wurden, sind sie inzwischen durch die biodynamische Esskultur voll rehabilitiert worden.
Der Zwiebelflan in Kombination mit einem Hauch von Roquefort-Aroma ist in der Tat ein Gericht von feinem Geschmack.

Bunter Gemüse-Auflauf

200 g möglichst zarte grüne Bohnen
Salz
1 Zweig Bohnenkraut
2 Zucchini
2 rote Paprikaschoten
250 g braune Champignons
1 Frühlingszwiebel
5 EL Olivenöl
frisch gemahlener weißer Pfeffer
2 Msp. getrockneter Thymian
1 Msp. Paprikapulver, edelsüß
1 Knoblauchzehe
2 Zweige Basilikum
100 ml Milch
100 ml süße Sahne
150 g Crème fraîche
3 Eier
abgeriebene Muskatnuss
125 g frisch geriebener Gruyère
Butter für die Form

Die Gemüse waschen und trockentupfen. Die grünen Bohnen, wenn sie groß sind, einmal schräg durchschneiden. In wenig Wasser mit etwas Salz und Bohnenkraut knapp gar kochen. Die Zucchini ungeschält in dünne Scheiben schneiden. Die Paprikaschoten halbieren, entkernen, von den Zwischenwänden befreien und in Streifen schneiden. Die Pilze in Scheiben und die Frühlingszwiebel in Ringe schneiden. Die Hälfte des Olivenöls in einer weiten Pfanne erhitzen und die Zucchini darin einige Minuten andünsten. Mit Salz, Pfeffer und Thymian würzen. Herausnehmen und abdecken.
Nun die Pilze einige Minuten in die Pfanne geben, eventuell noch etwas Öl zufügen, mit Salz und Pfeffer würzen. Die Frühlingszwiebeln in der letzten Minute dazugeben. Die Pilze herausnehmen und die Paprikaschoten hineingeben. Mit Salz, Pfeffer und Paprikapulver würzen.
Die Knoblauchzehe abziehen und zerdrücken. Basilikum waschen, trockentupfen, die Blättchen von den Stielen zupfen und hacken. Die Milch mit Sahne, Crème fraîche, Eiern und Knoblauch verrühren. Mit Salz, Pfeffer und Muskatnuss würzen. Den Käse und das Basilikum unterziehen. Den Backofen auf 190 °C vorheizen.
Eine feuerfeste Auflaufform mit Butter ausstreichen. Das Gemüse dekorativ darin anrichten und mit der Eier-Käse-Milch übergießen. Für etwa 25–30 Minuten in den Ofen stellen.

Jede Jahreszeit hält gesunde Gemüse bereit. Allein schon die heimischen Sorten werden in ihrer Vielfalt von keinem anderen Lebensmittel übertroffen. Mit zunehmendem Ernährungs- und Gesundheitsbewusstsein rückt die Bedeutung der Gemüse zudem immer mehr in den Vordergrund: Sie enthalten die meisten Vitamine, Mineral- und Ballaststoffe und zeichnen sich aus durch ihren feinen Geschmack. Was liegt da näher, als öfters einmal ein vegetarisches Gericht auf den Tisch zu bringen? Es ist außerdem einfach und relativ schnell zubereitet.

Artischocken-Flan mit Minz-Sauce

Für die Minz-Sauce:
30 g frische Minze
½ Zitrone
150 ml süße Sahne
1 reife Avocado
Salz
frisch gemahlener weißer Pfeffer

Für den Artischocken-Flan:
Butter und Semmelbrösel für die Förmchen
100 ml Milch
25 g entrindetes Weißbrot
1 großes Ei
4–5 vorbereitete gekochte Artischockenböden oder -herzen, frisch oder aus der Dose, es sollten 150 g sein
100 g Mascarpone
Salz
frisch gemahlener weißer Pfeffer
2–3 Msp. Muskatblüte
30 g Pistazienkerne

Übrigens:
Wenn Sie frische Artischocken verwenden, müssen Sie die Stiele und äußeren harten Blätter entfernen, das Heu aus der Mitte herausnehmen und die Artischocken in Zitronenwasser legen. In Salzwasser etwa 15 Minuten garen und abtropfen lassen.

Für die Minz-Sauce die Minze waschen, die Blättchen von den Stielen zupfen und etwas klein schneiden. In eine Schüssel geben. Die Zitrone auspressen und den Saft darüber gießen. 10 Minuten ziehen lassen.
Die Minze mit einem kleinen Teil der Sahne pürieren. Die restliche Sahne unter ständigem Rühren mit dem Schneebesen des Handrührers langsam zugeben. Die Avocado schälen, vom Kern befreien, zerdrücken oder pürieren und zufügen. Mit Salz und Pfeffer würzen.
Für den Flan zuerst 4 Souffléförmchen einfetten und für mindestens ½ Stunde in den Kühlschrank stellen. Die Förmchen anschließend mit Semmelbröseln ausstreuen. Die Milch erhitzen, das Weißbrot damit übergießen und 5 Minuten weichen lassen. Den Backofen auf 160 °C vorheizen.
Das Ei trennen. Weißbrot, Eigelb, Artischockenfruchtfleisch und Mascarpone pürieren. Mit Salz, Pfeffer und Muskatblüte würzen. Die Pistazienkerne hacken. Das Eiweiß steif schlagen und mit den Pistazienkernen unterziehen. Diese Masse in die Souffléförmchen füllen und im Wasserbad im Backofen etwa 40 Minuten garen. Mit einem spitzen Messer am Rand entlangfahren. Die Flans lösen, so dass sie auf einen Teller gestürzt werden können.
Mit der Minz-Sauce servieren.

Die Blütenköpfe der Artischocke, der Königin der Disteln, galten schon im Altertum als eine besondere Delikatesse. Es gibt heute viele Sorten, die vornehmlich im Mittelmeerraum, aber auch in der Bretagne kultiviert werden, wobei lediglich ein kleiner Teil der Blütenköpfe genießbar ist. Begehrt sind die Artischockenböden und -herzen. Um an den zarten Boden der Artischocke zu gelangen, bedarf es einiger Arbeit. Nur bei jungen Artischocken können die Köpfe im Ganzen gegessen werden. Ein Artischockenherz zu haben, ist nicht unbedingt eine Empfehlung, weil dies – zumindest in Frankreich – bedeutet, dass man/frau sein/ihr Herz nicht nur an eine/n, sondern blättchenweise an eine unbegrenzte Anzahl von Interessenten verschenkt – bis nichts mehr davon da ist.

Gratinierte Zucchini

Für 2 Personen

4 Kartoffeln
1 grüner Zucchino
1 gelber Zucchino
2 EL Olivenöl
Salz
frisch gemahlener schwarzer Pfeffer

Für die Sauce:
frische Kräuter nach Belieben wie Petersilie, Estragon, Kerbel, Salbei, Thymian, Oregano, Zitronenmelisse
1 Schalotte
200 ml trockener Weißwein
Salz
frisch gemahlener Pfeffer
2 Eigelb
100 g kalte Butter
1–2 Msp. Muskatblüte

Die Kartoffeln in der Schale in etwa 30 Minuten gar kochen. Die Zucchini waschen, trockentupfen und ungeschält in Scheiben schneiden. Das Olivenöl in einer weiten Pfanne erhitzen und die Zucchini darin beidseitig leicht braten. Salzen und pfeffern. Sie sollten noch Biss haben. Die Kartoffeln pellen und in Scheiben schneiden. Zucchini und Kartoffeln abdecken und warm halten. Für die Sauce die Kräuter waschen. Die Blättchen von den Stielen zupfen und drei Viertel davon in einen kleinen Topf geben. Die Schalotte abziehen und fein schneiden, mit dem Weißwein zufügen und so lange kochen lassen, bis die Flüssigkeit auf 2 Esslöffel eingekocht ist. Durch ein Sieb passieren, salzen und pfeffern. Wasser in einem größeren Topf zum Sieden bringen. Einen kleinen Topf oder einen speziellen runden Einsatz in den Topf hängen. Das Eigelb mit der eingekochten Flüssigkeit hineingeben und mit dem Schneebesen des Handrührers so lange rühren, bis das Eigelb schaumig ist. Die kalte Butter nach und nach in Stückchen zufügen. Die restlichen Kräuter fein hacken und zufügen. Mit Salz, Pfeffer und nach Belieben Muskatblüte abschmecken.
Den Grill auf höchster Stufe vorheizen. 2 feuerfeste Portionsteller mit den Kartoffeln, den grünen und gelben Zucchinischeiben auslegen und mit der Sauce übergießen. Für etwa 2 Minuten unter den Grill geben, bis die Oberfläche goldgelb ist.

Zucchini sind ein ideales Vorratsgemüse. Im Gemüsefach des Kühlschranks können sie etwa 2 Wochen gelagert werden. Nach dem Waschen müssen nur das Stielende sowie die Kappe abgeschnitten werden und sogleich kann es zubereitet werden. Wegen ihres milden, neutralen Geschmacks lassen sich Zucchini, in Italien liebevoll auch Zucchetti genannt, mit ziemlich allen Kräutern gut kombinieren. Dank ihres Vitaminreichtums sowie Eisen- und Kalziumgehalts in Verbindung mit den Inhalts- und Aromastoffen der Kräuter ergibt sich ein gesundes, vegetarisches und zugleich geschmackvolles Gericht.

Herzhaftes mit Apfel

KARTOFFEL-APFEL-GRATIN
800 g Kartoffeln
2 Zwiebeln
3 Äpfel
150 g Schinkenspeck
3–4 EL Olivenöl
1 Lorbeerblatt
gut 1/8 Liter Weißwein
gut 1/8 Liter Hühnerbrühe
1/4 Liter süße Sahne
Salz
frisch gemahlener schwarzer Pfeffer
abgeriebene Muskatnuss
1/2 TL getrockneter Thymian
Butter für die Form

SELLERIE-APFEL-AUFLAUF
500 g Sellerie, möglichst junge Knollen
500 g unbehandelte Äpfel, etwa 4 Stück
Salz
1 TL Zitronensaft
2 Frühlingszwiebeln
Butter für die Form
150 g Crème fraîche
2 Eier
Pfeffer
nach Belieben 1 Msp. gemahlener Piment

KARTOFFEL-APFEL-GRATIN
Die Kartoffeln waschen, schälen und in dünne Scheiben von etwa 3 mm schneiden. Die Zwiebeln abziehen und fein schneiden. Die Äpfel schälen, vom Kerngehäuse befreien und in Scheiben schneiden. Den Schinkenspeck würfeln. Das Olivenöl in einer Pfanne erhitzen. Die Zwiebeln darin andünsten. Den Schinkenspeck sowie das Lorbeerblatt zufügen und mit dem Weißwein und der Brühe ablöschen, kurz aufkochen lassen und vom Herd nehmen. Die Sahne zufügen. Mit Salz, Pfeffer, Muskatnuss und Thymian würzen. Den Backofen auf 180 °C vorheizen.
Eine feuerfeste Auflaufform mit Butter ausstreichen. Die Kartoffeln dachziegelartig im Wechsel mit den Äpfeln einschichten. Mit der Specksahne begießen und für 40–50 Minuten in den Backofen stellen.

Rheinländer sind Genießer. Weil Kartoffeln allein zu langweilig schmeckten, erfanden sie die Kombination mit Äpfeln, nannten das Ganze „Himmel und Erde" und gesellten dem Gericht noch ein Stück gebratene Blutwurst zu. Hier sorgt der Schinkenspeck für kräftiges Aroma.

SELLERIE-APFEL-AUFLAUF
(unten)
Den Sellerie und die Äpfel waschen. Den Sellerie schälen, halbieren oder vierteln. Die zarten Blätter des Sellerie waschen und hacken. 1/2 Liter Wasser in einem Topf zum Kochen bringen, salzen, den Zitronensaft zufügen und den Sellerie hineingeben. Je nach Größe und Alter des Selleries etwa 20 Minuten kochen. Er sollte noch bissfest sein, dann in Scheiben schneiden.
Die Äpfel vom Kerngehäuse befreien und ebenfalls in Scheiben schneiden. Die Frühlingszwiebeln waschen und in schmale Ringe schneiden. Den Backofen auf 190–200 °C vorheizen.
Eine feuerfeste Auflaufform mit Butter ausstreichen. Crème fraîche, Eier und 1/4 Liter abgekühltes Selleriekochwasser verrühren. Mit Salz, Pfeffer und Piment würzen. In die Auflaufform dachziegelartig Sellerie- und Apfelscheiben schichten. Sellerieblätter und Frühlingszwiebel darüber streuen. Mit der angerührten Masse begießen. Für 20–25 Minuten in den Backofen stellen, bis alles goldgelb ist.

Kürbis-Käse-Soufflé

4 kleine Kürbisse, vorzugsweise Mini-Patissons von je etwa 500 g Gewicht
50 g Butter
40 g Mehl
¼ Liter Milch
Salz
frisch gemahlener weißer Pfeffer
abgeriebene Muskatnuss
1 Eiweiß
4 Eier
2 TL Speisestärke
150 g frisch geriebener Gruyère, Emmentaler oder Fontina
etwa 2 Liter Gemüse- oder Hühnerbrühe

Die Kürbisse waschen, trockentupfen, den Deckel abschneiden und das Fruchtfleisch mit einem Löffel herausnehmen. Die Kürbiswände sollten nicht verletzt werden. Das Fruchtfleisch von den Kernen befreien. Dies ergibt insgesamt etwa 500–600 Gramm Fruchtfleisch.
Die Butter mit dem Mehl verkneten. Das Kürbisfleisch in der Milch in etwa 12–15 Minuten weich kochen und pürieren. Mit Salz, Pfeffer und Muskatnuss würzen. Die Mehlbutter einrühren, aufkochen lassen, vom Herd nehmen, ein wenig abkühlen lassen, dann ein ungeschlagenes Eiweiß einrühren.
Den Backofen auf 150–160 °C möglichst mit Umluft vorheizen.
Die restlichen Eier trennen. Das Eigelb mit der Speisestärke zum Kürbispüree geben. Ebenso den Käse einrühren und gut abschmecken. Das Eiweiß mit etwas Salz steif schlagen und unterziehen.
Die Soufflémasse in die kleinen Kürbisse füllen und diese in eine genügend große Auflaufform oder in die Fettpfanne des Backofens stellen, in die vorher die Brühe gegossen wurde, so dass die Kürbisse zu etwa zwei Dritteln in der Brühe stehen. Für etwa 50 Minuten in den Backofen stellen.
Die Mini-Patissons auf Tellern schön anrichten. Sowohl der Inhalt, also das Soufflé, als auch die Patissons können nun gegessen werden.

Zu diesem Soufflé eignen sich viele Hartkäsesorten: besonders der Sommer-Fontina, eine Spezialität aus dem Aostatal, der aus der Milch von Kühen auf den Almen in größeren Höhen zubereitet wird. Dort sind die Wiesen mit vielen Kräutern durchwachsen, die für das besondere Aroma sorgen.
Der Gruyère oder Greyerzer aus dem Kanton Fribourg in der Schweiz wurde schon im 12. Jahrhundert erwähnt. Er verleiht mit seinem kräftigen Aroma dem Soufflé eine pikante Note.
Der berühmte Schweizer Emmentaler, sollte man sich für ihn entscheiden, sorgt mit seinem unvergleichlichen nussartigen Geschmack ebenfalls für ein kulinarisches Erlebnis.

Tofu mit Gemüsepüree

Für das Gemüsepüree:
1–2 Zwiebeln
1 Knoblauchzehe
2 Selleriestangen mit etwas Grün
1 Stück Sellerieknolle von etwa 40 g
2 Mohrrüben
1 kleines Stück Lauch nach Belieben
1 Petersilienwurzel
5 Tomaten
3 EL Olivenöl
60 ml Gemüse- oder Geflügelbrühe
60 ml Rotwein
Salz
frisch gemahlener Pfeffer
2 Msp. Chilipulver
je 2 frische Zweige Petersilie, Thymian, Salbei

2 Eier
1 EL Sojamehl
200 g Crème fraîche
40 g geriebener Emmentaler
Butter für die Form
500 g Tofu

Die Zwiebeln und die Knoblauchzehe abziehen. Die Zwiebeln würfeln und die Knoblauchzehe zerdrücken. Das Gemüse waschen, putzen und in Stücke schneiden. Die Tomaten überbrühen, häuten, grob entkernen und das Fruchtfleisch hacken.
Das Olivenöl in einem weiten Topf erhitzen und die Zwiebeln darin andünsten. Nach einigen Minuten den Knoblauch und das restliche Gemüse, bis auf die Tomaten, zugeben. Unter Rühren 5 Minuten garen. Die Tomaten hineingeben und weitere 5 Minuten garen. Mit der Brühe und dem Wein ablöschen. Mit Salz, Pfeffer sowie Chilipulver würzen. Abgedeckt 25 Minuten köcheln lassen.
Die Kräuter waschen, trockentupfen, die Blättchen von den Stielen zupfen und hacken.
5 Minuten vor Garende zufügen. Mit dem Schneidstab des Handrührers pürieren. Den Backofen auf 180–190 °C vorheizen.
Eier, Sojamehl, Crème fraîche und Käse verrühren. Mit Salz und Pfeffer würzen. Eine feuerfeste Auflaufform mit Butter ausstreichen. Den Tofu in Scheiben schneiden und die Form damit auslegen. Gemüsepüree darauf verteilen und mit den angerührten Eiern übergießen. Für etwa 25 Minuten in den Backofen stellen, bis alles gestockt ist und die Oberfläche eine goldgelbe Farbe angenommen hat.

Der Name deutet bereits auf die Herkunft hin. Das japanische Wort „to“ heißt Bohne und „fu“ so viel wie Gerinnung. Tofu ist ein quarkähnliches, aus Sojamilch und Nigare (Meersalz) hergestelltes Produkt. Es besitzt einen hohen Anteil an leicht verdaulichem Eiweiß, dagegen ist der Kohlenhydratanteil niedrig. Sein Geschmack ist neutral, so dass das Gemüsearoma hier voll zur Geltung kommen kann.

Rote-Bete-Flan mit Rucola-Sauce

Butter für die Förmchen
300 g Rote Bete
Salz
25 g Butter
15 g Mehl
3 EL Crème fraîche
2 Eier
etwa 2 EL Sherry- oder Balsam-Essig
frisch gemahlener schwarzer Pfeffer

Für die Rucola-Sauce:
½–1 Bund Rucola
125 g Crème cuisine (24% Fett) oder Crème fraîche
Salz
frisch gemahlener schwarzer Pfeffer nach Bedarf
2–3 EL Gemüsebrühe

Die Förmchen mit Butter ausstreichen und in den Kühlschrank stellen. Die Rote Bete waschen, in Salzwasser in etwa 40 Minuten kochen, abschrecken, pellen und pürieren. Es sollten 250 Gramm Püree übrig bleiben. Den Backofen auf 160 °C vorheizen.
Butter und Mehl verkneten, mit Crème fraîche und Eiern unter das Rote-Bete-Püree rühren. Mit Sherry- oder Balsam-Essig, Salz sowie Pfeffer gut würzen. Die Förmchen füllen, gut auf die Tischplatte aufstoßen und in eine feuerfeste Schale stellen. Warmes Wasser angießen, bis die Förmchen zu zwei Dritteln hoch darin stehen, und für 35–40 Minuten in den vorgeheizten Backofen stellen.
Für die Sauce den Rucola waschen. Die groben Stiele und Rippen entfernen und die Blätter mit Crème cuisine pürieren.
Mit Salz und Pfeffer gut abschmecken. Sollte die Sauce zu dickflüssig sein, 2 bis 3 Esslöffel Gemüsebrühe unterrühren.
Die Flans nach dem Herausnehmen einige Minuten stehen lassen. Vorsichtig mit einem Messer am Rand lösen und auf Teller stürzen. Mit der Rucola-Sauce umgießen.

Rote Bete, Rote Rübe, Salatbete, Salatrübe, wie sie auch genannt wird, ist das ganze Jahr über im Handel erhältlich. Doch im Mai/Juni kommt die neue Ernte auf den Markt. Die Frucht besitzt eine dünne Schale, geschält wird sie jedoch (mit Gummihandschuhen!) am besten erst nach dem Kochen. Selbst zubereitet schmeckt sie besser als in Gläsern eingemacht, so dass sich die kleine Mühe immer lohnt. Ihre rote Farbe verdankt sie dem hohen Gehalt an Anthocyan. Die Rote Bete ist sehr nahrhaft: Neben Zucker, Eiweiß und Fett enthält sie viele Mineralstoffe, Jod und Vitamine der B-Gruppe.

Kartoffel-Püree mit Hüttenkäse

800 g Kartoffeln
Salz
30 g Butter
etwa ¼ Liter heiße Milch
abgeriebene Muskatnuss
200 g Petersilienwurzel, etwa 3 Stück
Butter für die Form
2 Eier
200 g Hüttenkäse
frisch gemahlener weißer Pfeffer

Die Kartoffeln waschen, schälen, in gleichmäßig große Stücke schneiden und in Salzwasser in etwa 20 Minuten gar kochen. Die Kartoffeln abschütten und heiß durch die Kartoffelpresse drücken. Mit der Butter verrühren. Die Hälfte der heißen Milch nach und nach unter Rühren zufügen. Mit Salz und Muskatnuss würzen.
Die Petersilienwurzeln waschen, putzen, in Stücke schneiden, in der restlichen Milch in etwa 15 Minuten weich kochen und pürieren. Den Backofen auf 180–190 °C vorheizen.
Eine feuerfeste Auflaufform mit Butter ausstreichen. Die pürierten Petersilienwurzeln mit dem Kartoffelpüree vermischen. Die Eier trennen. Ein ungeschlagenes Eiweiß unter das Püree ziehen, ebenso den Hüttenkäse und das Eigelb. Das restliche Eiweiß zu Schnee schlagen und unterziehen. Gut mit Salz, Pfeffer und Muskatnuss abschmecken. In die Form füllen und für 30–35 Minuten in den Backofen geben.
Dies ist eine gute Beilage zu Fisch oder Fleisch. Als eigenständiges Gericht können etwa 400 Gramm Bratwurstmasse, etwa von Nürnberger Bratwürsten, aus dem Wurstdarm gedrückt und beigegeben werden. Dazu ½ Bund glatte Petersilie waschen, trockentupfen, die Blättchen von den Stielen zupfen und gehackt zufügen.

Wurzelpetersilie, ein typisches Wintergemüse, wird von Oktober bis zum Frühling aus dem Freilandanbau im Handel angeboten, doch ist es aus Treibhäusern das ganze Jahr zu bekommen. Der kräftig-würzige Geschmack gibt dem Kartoffelpüree die besondere Note.

Mallorquinischer Auberginen-Auflauf

etwa 350 ml Milch
3 Scheiben Weißbrot oder
2 Brötchen
3 Auberginen von
je etwa 250 g
125–150 ml Olivenöl
Salz
frisch gemahlener Pfeffer
½ TL Paprikapulver,
edelsüß
Butter für die Form
3–4 Eier
2 Msp. Zimt
70 g frisch geriebener
Manchego

Die Milch erhitzen. Das Weißbrot oder die Brötchen klein schneiden und mit der Milch übergießen.
Die Auberginen waschen und in Würfel schneiden.
Das Olivenöl in einer weiten Pfanne erhitzen und die Auberginen unter häufigem Wenden 8–10 Minuten braten. Das sollte in 2 Portionen geschehen. Mit Salz, Pfeffer und der Hälfte des Paprikapulvers würzen. Den Backofen auf 190–200 °C vorheizen. Eine feuerfeste Auflaufform – die Mallorquiner nehmen eine *greixonera* – mit Butter ausstreichen und die Auberginen hineinfüllen. Weißbrot oder Brötchen mit einer Gabel zerdrücken oder mit dem Schneidstab des Handrührers pürieren. Auf die Auberginen streichen. Die Eier verquirlen und mit Salz, Pfeffer, Paprikapulver und Zimt würzen. Über die eingeschichteten Auberginen und Brötchenmasse gießen. Mit dem Käse bestreuen und für 25 Minuten in den Backofen geben. Sollte die Oberfläche zu dunkel werden, eventuell mit Folie abdecken oder die Temperatur etwas absenken.

Reife Auberginen erkennt man daran, dass die Schale auf leichten Fingerdruck nachgibt. Das Fruchtfleisch und die essbaren Kerne sollten weiß sein. Damit das weiße Fruchtfleisch sich nicht braun färbt, können die Schnittstellen mit Zitronensaft benetzt werden.
Frische Auberginen sollte man schnell verbrauchen. Eine kurzfristige Lagerung an einem kühlen Ort schadet ihnen nicht, doch ist der Kühlschrank ungeeignet – die Schalen werden schnell fleckig und das Fruchtfleisch braun.
Unreife Früchte sind ungenießbar. Sie enthalten größere Mengen des giftigen Solanins, auch roh sollten sie nicht verzehrt werden.

Mit Getreide, Teigwaren, Reis und Hülsenfrüchten

Pikanter Brot-Auflauf

1 kleine Staude Sellerie
4 EL Olivenöl
Salz
frisch gemahlener schwarzer Pfeffer
Baguette oder Weißbrot von etwa 25 cm (etwa 15 Scheiben)
4–5 Tomaten
12 entkernte, in Knoblauch eingelegte Oliven oder 2–3 Knoblauchzehen extra
200 g Mozzarella
Butter für die Form
3 Eier
200 ml süße Sahne
150 g Crème fraîche
1–2 Msp. Paprikapulver, edelsüß

Den Sellerie waschen, putzen und in mundgerechte Stücke schneiden. Einige zarte Blätter waschen und hacken. Das Olivenöl in einem Topf erhitzen und die Selleriestangen etwa 10 Minuten darin dünsten. Mit Salz und Pfeffer würzen. Baguette oder Weißbrot in Scheiben schneiden, so dass etwa 15 Scheiben entstehen, man sollte den Boden einer feuerfesten Auflaufform damit auslegen können. Tomaten, Oliven und den Mozzarella in Scheiben schneiden.
Eine Form mit Butter ausstreichen und mit den Baguettescheiben auslegen. Darauf die Tomatenscheiben anordnen, salzen und pfeffern. Mit Sellerie, Oliven und zum Schluss mit Mozzarella abdecken. Den Backofen auf 190–200 °C vorheizen.
Eier, Sahne, Crème fraîche und eventuell noch zerdrückten Knoblauch verrühren. Mit Salz, Pfeffer und Paprikapulver abschmecken und über die angeordneten Zutaten gießen. Für etwa 25 Minuten in den Backofen geben, bis der Käse goldgelb ist.

Unser täglich' Brot gib uns heute ... – Brot ist für die Menschheit eines der Hauptnahrungsmittel. Täglich wird es neu gebacken, frisch schmeckt es am besten. Die Achtung vor dem Brot verbietet es, Reste davon verkommen zu lassen. Pferdeliebhaber wissen, dass trockenes, aber einwandfreies Brot von ihren Schützlingen gern angenommen wird, aber wer weiß heute noch, dass sich Brotreste auch in der Küche schmackhaft verwerten lassen. Dieser Auflauf tritt den Beweis dafür an.

Nudel-Pfifferling-Auflauf

Salz
4 EL Olivenöl
200 g Bandnudeln oder eine andere Sorte
1–2 Zwiebeln
1 Knoblauchzehe nach Belieben
300 g Pfifferlinge
100 g magerer geräucherter Bauchspeck
Pfeffer
1 Bund Schnittlauch
2–3 Zweige frischer Thymian nach Belieben
Butter für die Form
2 Eier
¼ Liter Milch
5 EL naturmilder Jogurt oder Crème fraîche
2 TL Speisestärke
80 g geriebener mittelalter Gouda

Wasser in einem großen Topf zum Kochen bringen. Salz, 1 Esslöffel Öl und die Bandnudeln hineinschütten. Etwa 8 Minuten kochen lassen, je nach Sorte und Herstellerhinweis. Die Nudeln sollten noch Biss haben. Die Nudeln abgießen und mit warmem Wasser abbrausen.

Die Zwiebeln und die Knoblauchzehe abziehen. Die Zwiebeln würfeln und die Knoblauchzehe zerdrücken. Die Pfifferlinge putzen und sorgfältig mit einem Pinsel säubern, eventuell vorsichtig waschen, trockentupfen und in mundgerechte Stücke schneiden. Den Bauchspeck in kleine Würfel schneiden.

Das restliche Olivenöl in einem weiten Topf erhitzen. Die Zwiebeln darin andünsten. Den Bauchspeck und den Knoblauch zugeben und nach einigen Minuten die Pfifferlinge. Etwa 5 Minuten garen lassen. Mit Salz und Pfeffer würzen. Den Backofen auf 200 °C vorheizen. Schnittlauch und Thymian waschen. Den Schnittlauch in Röllchen schneiden. Die Thymianblättchen abstreifen und hacken. Eine feuerfeste Auflaufform mit der Butter ausstreichen. Eier, Milch, Jogurt, Speisestärke und Käse verrühren. Mit Salz und Pfeffer würzen. Sämtliche Zutaten miteinander vermischen, nochmals abschmecken und in die Form füllen. Für etwa 20 Minuten in den Backofen stellen.

Wenn sich im Sommer wärmende Sonne und Regenschauer abwechseln, schießen die Pilze sprichwörtlich aus dem Boden. Besonders Pfifferlinge erfreuen sich großer Beliebtheit. Sie verleihen durch ihren angenehmen nussartigen Geschmack diesem Nudelauflauf eine feine Note.

Grünkern-Auflauf mit Pesto

150 g Grünkern
1 Zucchino von etwa 200 g
2 Mohrrüben
2 Selleriestangen
1 Zwiebel
100 g Ricotta
2–3 EL Olivenöl
20 g Butter
Salz
Pfeffer
Butter für die Form
2 große Eier
2–3 EL Crème fraîche
5–6 EL süße Sahne

Für den Pesto:
1 großes Bund Basilikum
1–2 Knoblauchzehen
10 EL Olivenöl
1–2 EL Pinienkerne
1–2 EL frisch geriebener Parmesan
Salz
frisch gemahlener schwarzer Pfeffer

Variation:
Nach Belieben können vor dem Backen noch 2 Esslöffel Pesto unter die Grünkern-Masse gerührt werden.

Den Grünkern schroten. ½ Liter Wasser zum Kochen bringen und Grünkernschrot hineinstreuen, einmal durchheben und abgedeckt bei niedriger Temperatur etwa 8 Minuten kochen, dann nur noch etwas quellen lassen.
Das Gemüse waschen, putzen und klein schneiden. Die Zwiebel abziehen und würfeln. Den Ricotta ebenfalls in kleine Würfel schneiden.
Das Olivenöl in einem weiten Topf erhitzen. Die Butter zufügen. Die Zwiebel darin andünsten. Nach einigen Minuten Mohrrüben und Selleriestangen zufügen. Nach einigen weiteren Minuten den Zucchino. Insgesamt etwa 10 Minuten garen, das Gemüse sollte noch Biss haben, salzen und pfeffern. Den Backofen auf 180–190 °C vorheizen.
Eine feuerfeste Auflaufform mit Butter ausstreichen. Die Eier trennen. Eigelb mit Crème fraîche und Sahne verquirlen. Das Eiweiß mit 1 Messerspitze Salz steif schlagen. Grünkern, Gemüse, Ricotta und die Eigelb-Sahne-Mischung miteinander vermischen. Das Eiweiß unterziehen, abschmecken und alles in die Auflaufform geben. Für 25 Minuten in den Ofen stellen, bis die Oberfläche goldgelb ist.

Für den Pesto das Basilikum waschen, trockentupfen und die Blättchen von den Stielen zupfen. Die Knoblauchzehe abziehen. Basilikum, Knoblauch, Olivenöl, Pinienkerne und Parmesankäse mit Salz und Pfeffer würzen und kurz pürieren.
Im Schraubglas hält sich der Pesto einige Tage und schmeckt vorzüglich zu Nudeln oder frischen Salaten.

Geschmackvoll und kernig, im wahrsten Sinne des Wortes, präsentiert sich dieser urwüchsige Auflauf. Grünkern hat seinen Namen von seinem Aussehen erhalten. Er besteht aus einer frühen Weizenart, dem Dinkel. In nördlichen Breiten und in den Bergen konnte Dinkel oft nicht ausreifen, man erntete ihn in unreifem, grünen Zustand. Wegen seines hohen Feuchtigkeitsgehalts war er jedoch nicht lagerfähig. Daher wird er gedarrt, was ihm einen kernigen Geschmack verleiht.

Bohnensprossen-Auflauf

10–12 kleine Frühlingszwiebeln
125 g Langkornreis, parboiled
Salz
200 g Bohnensprossen, Mungo oder Soja
1 Bund frischer asiatischer Koriander, etwa 4 kleine Stauden
2 EL Öl
120 g getrocknete Shrimps (im asiatischen Geschäft erhältlich)
20 g Weißbrot
3 Eier, ¼ Liter Milch
2 EL saure Sahne
frisch gemahlener weißer Pfeffer
1 EL Öl für die Form

TOMATENSAUCE
4 Tomaten
2 EL helle Sojasauce
2 EL Reiswein oder halbtrockener Sherry
⅜ Liter Hühnerbrühe
1 EL Speisestärke
Salz, 1 TL Zucker
frisch gemahlener Pfeffer

CHILI-SAMBAL
3 frische rote Chilis
100 ml helle Sojasauce
2 TL Zucker
2 EL Erdnuss- oder Maiskeimöl

Tipp:
Wer Chili-Sambal schärfer liebt, lässt den Samen der Chilis in den Schoten.

Für die Garnitur die weißen Enden der Frühlingszwiebeln in etwa 6 cm lange Stücke schneiden. Beide Enden mehrmals einschneiden. Diese in Eiswasser legen und im Kühlschrank etwa 3 Stunden stehen lassen. Die Enden der Zwiebeln sehen dann wie kleine Bürsten aus.
1½ bis 2 Tassen Wasser (etwa 200–250 Milliliter) zum Kochen bringen. Den Reis und Salz hineinstreuen. Nach dem Aufkochen einmal durchheben und abgedeckt ohne weiteres Umrühren bei mäßiger Temperatur etwa 18 Minuten garen lassen. Das Wasser sollte dann verkocht sein. Den Reis kurz abbrausen. Die Bohnensprossen waschen und trockentupfen. Den Koriander waschen und grobe Stiele entfernen. Das Öl in einer Pfanne erhitzen und die Bohnensprossen 2 Minuten bei mäßiger Temperatur unter Rühren braten. Den Backofen auf 200 °C vorheizen. Shrimps, Koriander, Weißbrot, Eier, Milch und saure Sahne pürieren. Mit Salz und Pfeffer würzen. Diese Zutaten mit Reis und Bohnensprossen mischen. Eine Tarteform von etwa 28 Zentimeter Durchmesser mit Öl ausstreichen. Die Masse einfüllen. Für etwa 20 Minuten in den Backofen geben. Der Bohnensprossenauflauf kann, mit Frühlingszwiebeln garniert, heiß, lauwarm oder kalt mit Tomatensauce oder Chili-Sambal gegessen werden.

TOMATENSAUCE
Die Tomaten überbrühen, häuten, entkernen, pürieren und in einen Topf geben. Sojasauce, Reiswein und drei Viertel der Hühnerbrühe zufügen. Die Speisestärke mit der zurückbehaltenen Brühe verrühren und zu den anderen Zutaten in den Topf geben. Kurz aufkochen lassen, mit Salz, Zucker und Pfeffer abschmecken.

CHILI-SAMBAL
Die Chilis aufschneiden, den Samen entfernen und die Chilis in feine Ringe schneiden. Sojasauce, Zucker und Erdnuss- oder Maiskeimöl sowie 2 Esslöffel Wasser verrühren. Die Chilis zufügen und 1 Stunde durchziehen lassen.

Während des Keimprozesses von Samen nimmt der Vitamingehalt um ein Vielfaches zu, während sich der Energiewert verringert. Alles in allem sind Sprossen immer gesund, ob roh in Salaten oder in einem leckeren Auflauf.

Gratinierte Crêpes mit Steinpilzen

Für den Teig:
40 g Butter
2 Eier
60 g Mehl
¼ Liter Milch
1 Msp. Salz

Für die Sauce:
40 g Butter
40 g Mehl
¼ Liter Milch
¼ Liter Hühnerbrühe
Salz
frisch gemahlener weißer Pfeffer

Für die Füllung der Crêpes:
1 Schalotte
3 Zweige glatte Petersilie
75 g Schinkenspeck
200 g Steinpilze
1–2 EL Olivenöl

Zum Braten der Crêpes:
8 TL Butter

Butter für die Portionsteller oder eine Gratinform
50 g frisch geriebener Emmentaler, Gruyère oder Sbrinz

Die Butter für den Crêpesteig schmelzen und etwas abkühlen lassen. Aus Eiern, Mehl, Milch, Salz und geschmolzener Butter einen Teig rühren.
Für die Sauce die Butter in einem Topf erhitzen. Das Mehl einstreuen und goldgelb durchschwitzen lassen. Die Milch sowie die Hühnerbrühe nach und nach unter Rühren zufügen. Mit Salz und Pfeffer würzen. 8–10 Minuten bei mäßiger Hitze kochen lassen.
Für die Füllung die Schalotte abziehen und hacken. Die Petersilie waschen, trockentupfen, die Blättchen von den Stielen zupfen und hacken, etwas für die Garnitur zurückbehalten. Den Schinkenspeck fein würfeln. Die Steinpilze putzen, mit einem Pinsel gründlich säubern und klein schneiden. Das Olivenöl in einer Pfanne erhitzen. Die Schalotte andünsten. Schinkenspeck und Steinpilze zufügen und 4–5 Minuten garen lassen. Die gehackte Petersilie unterrühren.
Für die Fertigstellung jeweils 1 Teelöffel Butter in einer Crêpespfanne von etwa 16 Zentimeter Durchmesser zerlaufen lassen. 1½ Esslöffel Teig hineingeben und durch Schräghalten der Pfanne den Teig darin verteilen. Etwa 1 Minute backen, dann die Crêpe wenden und nochmals etwa 30 Sekunden auf der anderen Seite backen. Auf eine Platte gleiten lassen und so insgesamt 8 Crêpes herstellen. Diese mit der Steinpilzmasse füllen und umschlagen. Den Grill auf mittlerer Stufe vorheizen.
Nun 4 ofenfeste Portionsteller mit Butter ausstreichen. Etwas Sauce hineingeben, jeweils 2 gefüllte Crêpes darauflegen, wieder etwas Sauce darüber streichen und mit dem Käse bestreuen. Für 2–3 Minuten unter den Grill stellen, mit der restlichen Petersilie garnieren und servieren.

Das Innenleben dieser knusperigen Crêpes lässt sich beliebig variieren. Sollten einmal die aromatischen Steinpilze nicht zu bekommen sein, kann auch gut eine andere Pilzsorte, etwa Pfifferlinge, genommen werden.

Polenta-Auflauf

¼ Liter Milch
Salz
150 g Polenta (Maisgrieß)
2 EL Butter
3–4 Zwiebeln
200 g magerer geräucherter Bauchspeck
2–3 EL Olivenöl
⅛ Liter trockener Weißwein
frisch gemahlener Pfeffer
2 Msp. Currypulver
3 Msp. gemahlener Kümmel
2 Eier
⅛ Liter süße Sahne
150 g Crème fraîche
60 g geriebener Hartkäse wie Emmentaler, Gouda oder Sbrinz

Die Milch mit ¼ Liter Wasser zum Kochen bringen, salzen und unter Rühren Polenta und 1 Esslöffel Butter hineingeben. Bei mäßiger Temperatur 10 Minuten kochen lassen, weitere 10 Minuten ziehen lassen. Wenn die Polenta zu dick wird, nach und nach noch ¼ Liter Wasser zugießen. Eine feuerfeste Auflaufform mit der restlichen Butter ausstreichen und die Polentamasse hineingeben, glatt streichen und abdecken.
Die Zwiebeln abziehen, halbieren und in dünne Halbringe schneiden. Den Bauchspeck würfeln. Das Olivenöl in einer Pfanne erhitzen. Die Zwiebeln zufügen und glasig dünsten. Den Bauchspeck zugeben, einige Minuten braten und mit dem Wein ablöschen. Mit Salz, Pfeffer, Currypulver und Kümmel würzen. Einkochen lassen, alle Flüssigkeit sollte verdunstet sein. Nochmals abschmecken und über die Polenta in die Form geben. Den Backofen auf 200 °C vorheizen. Die Eier mit Sahne, Crème fraîche und Käse verquirlen. Über die Zwiebelmischung geben und für etwa 25 Minuten in den Backofen stellen, bis der Auflauf goldgelb ist. Mit einem frischen grünen Salat servieren.

In ganz Oberitalien, besonders im Piemont und der Lombardei, wird Polenta mit Vorliebe gegessen. Fast in jeder Küche kann man dort einen dampfenden Topf mit Maisgrieß antreffen. Der Geschmack von Polenta ist eher mild-neutral, daher wird sie gern mit pikanten Zutaten kombiniert.

Lasagne mit Pfifferlingen

600–700 g Pfifferlinge
4 Frühlingszwiebeln
2 Knoblauchzehen
3 EL Olivenöl
Salz
frisch gemahlener schwarzer Pfeffer

Für die Béchamelsauce:
60 g Butter
60 g Mehl
800 ml Milch
weißer Pfeffer
125 g geriebener Käse
nach Belieben 2 Msp. gemahlene Muskatblüte

Butter für die Form
etwa 12 Lasagneblätter (vorgefertigtes Produkt)

Die Pfifferlinge putzen, mit einem Pinsel gründlich säubern oder, wenn nötig, kurz waschen und trockentupfen. Größere Pilze eventuell etwas zerkleinern. Die Frühlingszwiebeln waschen und in dünne Ringe schneiden. Die Knoblauchzehen abziehen und zerdrücken. Das Öl in einer weiten Pfanne erhitzen. Pfifferlinge, Frühlingszwiebeln und Knoblauch hineingeben und unter Rühren 5 Minuten garen, salzen, pfeffern und vom Herd nehmen. Für die Béchamelsauce die Butter in einen Topf geben und schmelzen. Das Mehl hineinschütten, goldgelb durchschwitzen und die Milch unter Rühren nach und nach zufügen. Mit Salz und weißem Pfeffer würzen. 5 Minuten unter Rühren köcheln lassen. 100 Gramm Käse einrühren und mit Muskatblüte würzen. Den Backofen auf 200 °C vorheizen. Eine möglichst rechteckige Auflaufform mit Butter ausstreichen. Als erstes Béchamelsauce, dann Lasagneblätter, Pfifferlinge, Béchamelsauce, Lasagneblätter usw. einfüllen. Die letzte Schicht sollte Béchamelsauce sein. Mit dem restlichen Käse bestreuen und für etwa 30 Minuten in den Backofen geben.

Zu einem typisch italienischen Lasagnegericht werden etwa 9 x 17 Zentimeter große Teigblätter verwendet. Manchmal sind sie auch durch Beimischung von Spinat bei der Herstellung grün gefärbt. Ob gelb oder grün, mit braunen Pfifferlingen belegt sowie mit einer pikanten Sauce umhüllt und dann im Ofen überbacken, erhält man ein köstliches Gericht.

LODOVICO E PIERO
ANTINORI
CHIANTI CLASSICO
GRADI ALCOOL 12,5

Reis-Nudeln mit Basilikum

Pasta – Teigwaren in den verschiedensten Formen, Farben und Qualitäten, mit und ohne Eier, werden vornehmlich aus Hartweizengrieß hergestellt. Im Gegensatz zum Weichweizen besitzt er einen höheren Kleberanteil, der für den gewünschten festen Biss der Nudeln verantwortlich ist. Reis-Nudeln haben außer Form und Aussehen nichts mit Reis zu tun. Im Innern bleiben sie Pasta – basta!

Salz
300 g kleine Reis-Nudeln aus Hartweizengrieß
2 Bund Basilikum
3 Knoblauchzehen
1/8 Liter Olivenöl
frisch gemahlener schwarzer Pfeffer
150 g frisch geriebener Parmesan oder Pecorino
Butter für die Form
nach Belieben
1–2 EL Pinienkerne

Wasser in einem Topf zum Kochen bringen, salzen und die Nudeln hineinstreuen. Etwa 9 Minuten bissfest kochen lassen. Abbrausen und beiseite stellen. Das Basilikum waschen, trockentupfen, die Blättchen von den Stielen zupfen. Die Knoblauchzehen abziehen. Beides mit dem Olivenöl pürieren. Mit Salz und Pfeffer würzen und mit den Reis-Nudeln und etwa 100 Gramm Käse mischen. Den Backofen auf 200 °C vorheizen.
Eine feuerfeste Auflaufform mit Butter ausstreichen. Die Nudeln in die Form geben und mit dem restlichen Käse bestreuen. Nach Belieben noch Pinienkerne darüber streuen. Für 12–15 Minuten in den Backofen geben.

Lasagne aus der Emilia Romagna

Für die Sauce:
25 g Butter
25 g Mehl
½ Liter Milch
150 g Mascarpone
Salz
frisch gemahlener weißer Pfeffer
2 Msp. Muskatblüte

100 g Mortadella
100 g Parmaschinken
1 Zwiebel
1–2 Knoblauchzehen
3 EL Olivenöl
400 g Hackfleisch vom Lamm
1½ EL Tomatenmark
¼ Liter Hühner- oder Gemüsebrühe
¼ Liter trockener Rotwein
½ TL getrockneter Oregano
1 Bund glattblättrige Petersilie
10 Lasagneblätter (vorgefertigtes Produkt)
Butter für die Form
30 g frisch geriebener Parmesan

Für die Sauce die Butter erhitzen. Das Mehl einstreuen und durchschwitzen lassen. Nach und nach mit der Milch ablöschen und 5 Minuten köcheln lassen. Den Mascarpone einrühren und mit Salz, Pfeffer und Muskatblüte würzen.
Mortadella und Parmaschinken in dünne Streifen oder Stückchen schneiden. Die Zwiebel und die Knoblauchzehen abziehen. Die Zwiebel fein würfeln und die Knoblauchzehen zerdrücken. Das Olivenöl in einer weiten Pfanne erhitzen. Das Lammfleisch darin von allen Seiten anbraten. Die Zwiebel zufügen und kurz weiterbraten lassen. Das Tomatenmark und den Knoblauch zugeben, dann die Brühe und die Hälfte des Rotweins. Mit Salz, Pfeffer und Oregano würzen. Wenn die Flüssigkeit verkocht ist, den restlichen Rotwein zugießen. Etwa 25–30 Minuten bei mäßiger Temperatur kochen lassen. Die Flüssigkeit sollte fast ganz verkocht sein, dann vom Herd nehmen.
Die Petersilie waschen, trockentupfen, die Blättchen von den Stielen zupfen und hacken. Das gegarte Lammfleisch mit Mortadella, Parmaschinken und Petersilie mischen. Den Backofen auf 175–180 °C vorheizen.
Eine feuerfeste, möglichst rechteckige Auflaufform mit Butter ausstreichen. Zuerst etwas Sauce in die Form gießen. Nun Lasagneblätter, Lammhackfleisch, weiße Sauce und Lasagneblätter wechselweise einschichten. Letzte Schicht sollte die weiße Sauce sein. Mit dem Parmesan bestreuen und für etwa 30 Minuten in den Backofen geben.

Wenn sich bei einem Gericht zu Lasagne neben anderen Zutaten noch Mortadella, Parmaschinken und Parmesan gesellen, kann es nur aus der Emilia Romagna stammen. Dort versteht man es, nicht nur üppig, sondern zugleich auch genießerisch zu speisen. – Mortadella, eine Wurstspezialität aus Bologna, ist dort bereits seit dem 14. Jahrhundert bekannt. Die Mischung aus Schweinefleisch, Gewürzen, Knoblauch und Pistazien sorgt für den feinen Geschmack. – Der delikate Prosciutto di Parma, der Parmaschinken, ist ein in den Bergen luftgetrockneter Schinken. Wenn dann noch der berühmteste aller Käse, der Parmigiano Reggiano dazu kommt, ist das ganze Gericht als königlich zu klassifizieren.

1995
PINOT BIANCO
VINO DA TAVOLA
AZIENDA AGRICOLA
MEZZOLOMBARDO (TN)

Nudeln in Morchelrahm

20 g getrocknete Morcheln
½ Liter Milch
Salz
1 EL Olivenöl
250 g Nudeln
40 g Butter
1 Schalotte
½ Bund glatte Petersilie
1–2 TL Zitronensaft
¼ Liter süße Sahne
frisch gemahlener weißer Pfeffer
Butter für die Form
2 Eier
150 g Crème fraîche
2 TL Speisestärke
40 g geriebener Gruyère oder Emmentaler
25 g frisch geriebener Parmesan

Tipp:
Die Milch vom Einweichen der Morcheln durch einen Kaffeefilter gießen und später zum Beispiel für eine Pilzsuppe verwenden. Schlankheitsbewusste ersetzen damit die im Rezept verwendete Sahne.

Die Morcheln 3–4 Stunden in der Milch einweichen.
Wasser zum Kochen bringen. Salz und Öl zufügen und die Nudeln hineinschütten. Nach Herstellerhinweis in 9–12 Minuten bissfest kochen. Abgießen, warm abbrausen und 20 Gramm Butter unterrühren.
Die Schalotte abziehen und fein schneiden. Die Petersilie waschen, trockentupfen, die Blättchen von den Stielen zupfen und hacken. Die Morcheln abtropfen lassen und etwas zerkleinern. Die restliche Butter in einem weiten Topf erhitzen und die Morcheln zufügen. 5 Minuten bei mäßiger Temperatur dünsten, mit Zitronensaft beträufeln, die Sahne angießen, salzen und pfeffern. 5 weitere Minuten köcheln lassen. Den Backofen auf 190 °C vorheizen.
Eine feuerfeste Auflaufform mit der Butter ausstreichen.
Die Eier verrühren. Crème fraîche, Speisestärke und Käse zufügen. Mit Nudeln und Morcheln vermischen. In die Form geben, mit dem Parmesan bestreuen und für 20–25 Minuten in den Backofen stellen.
Mit einem grünen Salat servieren.

Morcheln, überaus feinwürzige Pilze, wachsen im Frühling bis zum Sommer auf Waldlichtungen. Frisch sind die begehrten Pilze von Mai bis Juni im Handel zu bekommen. Tiefgefroren oder in Dosen sind sie das ganze Jahr über erhältlich. Getrocknete Morcheln zeichnen sich durch ein besonders kräftiges Aroma aus.

KICHERERBSEN-AUFLAUF

300 g Kichererbsen
1 Knoblauchzehe
1–2 Lorbeerblätter
Salz
1 großes Bund Minze
4 Eier
100 ml süße Sahne
oder Milch
200 g Frischkäse
frisch gemahlener
schwarzer Pfeffer
1–2 Msp. Piment
1 Msp. Chilipulver
2–3 Msp. Kreuzkümmel
Butter für die Form

TOMATENSAUCE
800–1000 g Tomaten
1 große Zwiebel
2 Knoblauchzehen
4 EL Olivenöl
Salz
frisch gemahlener
schwarzer Pfeffer
etwa ½ TL getrockneter
Thymian
etwa ½ TL getrockneter
Oregano
¼ TL Chilipulver
knapp ¼ Liter Gemüse-
oder Hühnerbrühe

Die Kichererbsen in Wasser einweichen. Am nächsten Tag das Wasser erneuern und die Kichererbsen in kaltem Wasser aufsetzen. Die Knoblauchzehe abziehen und mit dem Lorbeerblatt zufügen. Etwa 1 Stunde kochen lassen, je nach Sorte und Alter der Kichererbsen. Überschüssiges Wasser abgießen und jetzt erst salzen.
Die Minze waschen, trockentupfen, die Blättchen von den Stielen zupfen. Die Eier trennen. Die Kichererbsen in 2 Portionen mit Minze, Eigelb und süßer Sahne oder Milch in den Mixer geben und pürieren. Den Frischkäse unterrühren und alles gut mit Salz, Pfeffer, Piment, Chilipulver und Kreuzkümmel abschmecken.
Den Backofen auf 200 °C vorheizen.
Eine große feuerfeste Auflaufform oder 4 Portionsteller mit der Butter ausstreichen.
Das Eiweiß mit 1 Messerspitze Salz steif schlagen und unter die Mischung ziehen. In die Form geben und im Backofen etwa 30 Minuten garen.
Mit Tomatensauce servieren.

TOMATENSAUCE
Die Tomaten überbrühen, häuten, entkernen und grob zerkleinern. Die Zwiebel und die Knoblauchzehen abziehen. Die Zwiebel würfeln und die Knoblauchzehen zerdrücken.
Das Olivenöl in einem Topf erhitzen. Die Zwiebel darin andünsten. Den Knoblauch zugeben und nach 2 Minuten die Tomaten. Unter Rühren 8–10 Minuten garen lassen. ¼ Liter Wasser angießen und mit Salz, Pfeffer, Thymian, Oregano und Chilipulver würzen. 30 Minuten bei mäßiger Temperatur kochen lassen. Nach 15 Minuten die Brühe angießen. Die Tomatensauce mit dem Schneidstab des Handrührers pürieren und abschmecken.

Die Heimat der Kichererbsen liegt im Mittelmeerraum. Seit jeher wusste man dort schmackhafte und nahrhafte Gerichte daraus zuzubereiten. So finden sie zum Beispiel Verwendung im afrikanischen Couscous. Im Mittleren Osten werden sie zu Bällchen oder Brisolettes verarbeitet, den leckeren Falafels.

Rote-Linsen-Auflauf

200 g rote Linsen
2 Knoblauchzehen
1 Lorbeerblatt
1 Zweig Thymian
Salz
frisch gemahlener schwarzer Pfeffer
½ TL Kurkuma
1–2 Msp. gemahlenes Korianderpulver
1–2 Msp. gemahlener Kreuzkümmel
1 kleine rote Pfefferschote
1 Bund asiatischer Koriander
350 g milder Naturjogurt
2 Eier
Öl zum Ausstreichen der Form

Die Linsen 2 Stunden in Wasser einweichen. Die Knoblauchzehen abziehen. Die Linsen abgießen und mit frischem Wasser, Lorbeerblatt, Thymianzweig und 1 Knoblauchzehe aufsetzen. Etwa 25 Minuten kochen lassen. Abgießen, mit Salz, Pfeffer, Kurkuma, Korianderpulver und Kreuzkümmel würzen. Den Backofen auf 190 °C vorheizen. Die Pfefferschote aufschneiden, entkernen, von den Zwischenwänden befreien und in kleine Stücke schneiden. Den Koriander waschen, trockentupfen, die Blättchen von den Stielen zupfen und hacken. Mit der restlichen, zerdrückten Knoblauchzehe, Jogurt und Eiern verrühren. Mit Salz und Pfeffer würzen.
Eine feuerfeste Auflaufform mit Öl ausstreichen und die Linsen hineingeben. Mit der Jogurtmischung übergießen und für 20–25 Minuten in den Backofen geben, bis alles gestockt ist.

Linsen waren zu allen Zeiten sehr begehrt. So steht im alten Testament, dass Jakob seinem Bruder das Erstgeburtsrecht für ein Linsengericht abluchste. Ob es die kleinen Berglinsen aus Italien sind oder Rote Linsen, wie sie im Mittleren Osten zu den Grundnahrungsmitteln zählen, beide garantieren eine wohlschmeckende Mahlzeit. Rote Linsen sind die geschälten Dahllinsen, auch ägyptische Linsen genannt. Sie besitzen einen besonders feinen Geschmack. Normalerweise müssen Linsen nicht eingeweicht, jedoch vor dem Garen kräftig abgebraust werden. Mit längerer Lagerzeit verfärben sich die Linsen dunkel und die Garzeit nimmt zu, es sei denn, man hat sie vorher eingeweicht.

Schweizer-Käse-Auflauf

Kirschwasser oder einfach Kirsch ist ein echter Obstbrand. Das Destillat lässt man in der Regel nur kurze Zeit in Steingutbottichen reifen, dann bleibt es klar und farblos. In Holzfässern gelagert würde es eine bräunliche Farbe bekommen. Besonders im Elsass und im Schwarzwald versteht man sich exzellent auf seine Herstellung. Kirsch eignet sich hervorragend zum Aromatisieren von allerlei Speisen. Auch diesem Auflauf verleiht das klare Wässerchen das gewisse Etwas.

4 Scheiben Weißbrot
60 g Butter
nach Belieben 1 kleine Knoblauchzehe
Butter für die Form
2–3 EL Kirschwasser
4 Eier
½ Liter Milch
160–180 g frisch geriebener Emmentaler
Salz
frisch gemahlener weißer Pfeffer
abgeriebene Muskatnuss
40 g gehackte Walnüsse

Die Weißbrotscheiben halbieren. Die Butter in einer Pfanne erhitzen und die Brotscheiben beidseitig darin braten, so dass sie goldgelb sind. Den Backofen auf 175–180 °C vorheizen. Eine feuerfeste Auflaufform nach Belieben mit der Knoblauchzehe ausreiben, mit Butter ausstreichen. Die Brotscheiben hineinlegen und diese mit Kirschwasser beträufeln.
Die Eier trennen. Das Eigelb mit der Milch verrühren, den Käse zufügen und mit Salz, Pfeffer sowie Muskatnuss würzen. Das Eiweiß mit Salz steif schlagen und unterziehen. Diese Masse über die Brotscheiben geben. Mit gehackten Walnüssen bestreuen und für etwa 30 Minuten in den Backofen stellen.

Dinkel-Auflauf mit Gemüse und Basilikum

125 g Dinkel
1 Zwiebel
1 Knoblauchzehe
4 Mohrrüben, etwa 300 g
1 Petersilienwurzel
2 Zucchini, etwa 400 g
6 EL Olivenöl
25 g Butter
Salz
frisch gemahlener schwarzer Pfeffer
1 TL Zucker
Butter für die Form
1 Bund Basilikum
2 Eier
⅛ Liter süße Sahne oder Milch
4 EL Schmand oder Crème fraîche
50 g geriebener Käse wie Emmentaler, Gruyère, Fontina oder Raclette
nach Belieben 2 EL gemahlene Haselnüsse

Den Dinkel über Nacht in Wasser einweichen. Am nächsten Tag in etwa 20 Minuten weich kochen. Das Wasser sollte fast ganz verkocht sein, sonst abgießen.
Die Zwiebel und die Knoblauchzehe abziehen. Die Zwiebel würfeln und die Knoblauchzehe zerdrücken. Das Gemüse waschen. Die Mohrrüben und die Petersilienwurzel schälen und in Scheiben schneiden. Die Zucchini ungeschält in Stücke schneiden.
2 Esslöffel Öl in einem weiten Topf erhitzen. Die Butter zufügen. Die Zwiebel einige Minuten andünsten. Die Mohrrüben und die Petersilienwurzel zugeben. Nach etwa 5 Minuten den Knoblauch und die Zucchini hineingeben. Mit Salz, Pfeffer und Zucker würzen. 5 weitere Minuten garen lassen. Den Backofen auf 190–200 °C vorheizen.
Eine feuerfeste Auflaufform mit Butter ausstreichen.
Das Basilikum waschen, trockentupfen, die Blättchen von den Stielen zupfen und mit dem restlichen Öl pürieren, salzen und pfeffern. Die Eier mit Sahne oder Milch, Schmand oder Crème fraîche und Käse verrühren. Mit dem pürierten Basilikum, Gemüse und Dinkel vermischen. In die Auflaufform füllen und nach Belieben mit gemahlenen Haselnüssen bestreuen. Für etwa 20 Minuten in den Backofen stellen.

Dinkel wurde schon von den frühen Kulturen Vorderasiens angebaut und kam erst viel später nach Mitteleuropa. Vielleicht kann das hübsche alte Dinkelsbühl seinen Namen darauf zurückführen. Dann kam Dinkel aus der Mode, hat sich aber in den letzten Jahren innerhalb der Reformkost wieder einen soliden Platz gesichert. Farbe und Geschmack sind etwas kräftiger als beim Weizen. Hinzu kommt, dass Dinkel wegen des hohen Klebereiweißanteils gute Backeigenschaften besitzt.

Linsen-Auflauf mit Feta und Gemüse

125 g Berglinsen
1 Knoblauchzehe
2 möglichst frische Lorbeerblätter
1 frischer Zweig Thymian
Salz
1 Zwiebel
Suppengemüse bestehend aus 1 Mohrrübe, 1 Stückchen Sellerieknolle, 1–2 Selleriestangen und ½ Stange Lauch
3 Tomaten
1 Aubergine von etwa 250 g
1–2 EL Olivenöl
20 g Butter
frisch gemahlener schwarzer Pfeffer
100 g Feta
2 Eier
3 EL Crème fraîche
Butter für die Form

Die Linsen waschen und über Nacht einweichen. Am nächsten Tag abgießen und mit frischem Wasser aufsetzen. Die Knoblauchzehe abziehen und mit den Lorbeerblättern und dem Thymian aufsetzen. Nach etwa 35–40 Minuten sind die Linsen weich. Das restliche Wasser abgießen und die Linsen salzen. Die Zwiebel abziehen und würfeln. Das Gemüse waschen, putzen und klein schneiden. Die Tomaten überbrühen, häuten und hacken. Die Aubergine würfeln.

Das Olivenöl in einem weiten Topf erhitzen. Die Butter zufügen. Die Zwiebel darin andünsten. Möhre, Sellerie und Lauch zufügen, nach 5 Minuten die Tomaten. Salzen, pfeffern und 10 Minuten bei mäßiger Temperatur garen lassen. Die Aubergine mit gut ⅛ Liter Wasser in einen Topf geben. Salzen, pfeffern und 8–10 Minuten kochen lassen, bis die Aubergine weich und das Wasser verkocht ist. Den Backofen auf 190 °C vorheizen.

Den Feta auf der groben Reibe raspeln und mit Eiern und Crème fraîche verrühren, salzen und pfeffern. Eine feuerfeste Auflaufform mit der Butter ausstreichen. Gemüse und Linsen miteinander vermischen und in die Form geben. Mit den angerührten Eiern übergießen und für etwa 20 Minuten in den Backofen geben.

Stärkende und zugleich sättigende Gerichte aus Hülsenfrüchten sind seit Urzeiten eine begehrte Speise. Die von einer braungrünen, festen Schale umgebenen Berglinsen sind wegen ihres kräftigen Geschmacks besonders beliebt.

Mit Fisch und Meeresfrüchten

Zander-Auflauf

600 g Zanderfilet
Saft von ½ Limette oder Zitrone
Salz
frisch gemahlener weißer Pfeffer
1 EL Mehl
3 EL Olivenöl
100 ml trockener Weißwein
2 Frühlingszwiebeln
1 EL Butter
4 EL Quark (Magerstufe)
4 EL Crème fraîche
1 Ei
2 TL Speisestärke
70 g frisch geriebener Käse wie Edamer oder Emmentaler
1 TL Senf
½ TL getrocknete, gemischte Kräuter wie Fenchel, Estragon, Kerbel, Dill
1–2 Zweige frischer Dill

Das Zanderfilet in 4 Portionen teilen, waschen, trockentupfen, mit Limetten- oder Zitronensaft beträufeln, salzen und pfeffern. Beidseitig mit wenig Mehl überstäuben.

Das Öl in einer Pfanne erhitzen und den Fisch auf beiden Seiten einige Minuten leicht braten. Mit dem Wein ablöschen, 2–3 weitere Minuten köcheln lassen und vom Herd nehmen. Der Fisch sollte nur knapp gar sein.

Die Frühlingszwiebeln waschen und in Röllchen schneiden. Eine feuerfeste Auflaufform mit Butter ausstreichen. Den Backofen auf 190 °C vorheizen.

Quark, Crème fraîche, Ei, Speisestärke, Käse, Senf und den durchgeseihten Sud des Fisches verrühren. Die Frühlingszwiebeln zugeben. Mit Salz, Pfeffer und Kräutern würzen. Das Zanderfilet in die Auflaufform legen. Mit der Quarkmasse bestreichen und für etwa 25 Minuten in den Backofen geben. Die Dillzweige waschen, etwas zerkleinern, das Gericht damit garnieren und Reis dazu servieren.

Der Zander, ein Süßwasserfisch aus der Barsch-Familie, zählt zu den beliebtesten seiner Art, er kommt in warmen Gewässern, Flüssen und Seen in Mittel- und Osteuropa vor. Besonders in Österreich und Ungarn, wo er Fogosch genannt wird, schätzt man ihn sehr. Sein Fleisch ist weiß, zart und von feinem Geschmack.

Hering mal so und mal so

MATJES-AUFLAUF
2 mürbe Äpfel
1–2 eingelegte Senfgurken
2 Frühlingszwiebeln
4 Zweige Dill
Butter für die Form
8 Matjesfilets
4 TL Kapern
2 Eier
gut ⅛ Liter süße Sahne
150 g Crème fraîche
Salz
frisch gemahlener
schwarzer Pfeffer

HERING-AUFLAUF
500 g Kartoffeln
4 frische junge Heringe
1–2 EL Mehl
2–3 EL Öl
1 Bund Schnittlauch
1 große oder 2 kleine
Gewürzgurken
Butter für die Form
1 TL eingelegte grüne
Pfefferkörner
2 Eier
⅛ Liter süße Sahne
125 g cremiger
Naturjogurt
Salz
frisch gemahlener
weißer Pfeffer
2 Msp. gemahlener
Piment
2 Msp. Paprikapulver,
edelsüß

MATJES-AUFLAUF (unten)
Die Äpfel schälen, vom Kerngehäuse befreien und mit den Senfgurken in dünne Scheiben schneiden. Die Frühlingszwiebeln waschen und in Ringe schneiden. Den Dill waschen, trockentupfen und hacken. Den Backofen auf 200 °C vorheizen.
Eine feuerfeste Auflaufform oder besser 4 Portionsteller mit Butter ausstreichen. Jeweils 2 Matjesfilets mit Apfel- und Senfgurkenscheiben bestücken und mit Frühlingszwiebeln und Kapern bestreuen.
Die Eier mit Sahne und Crème fraîche verrühren, salzen und pfeffern. Die Eiermilch über den Fisch gießen und für 20–25 Minuten in den Backofen geben.
Dazu gibt es Salz- oder Pellkartoffeln oder auch nur einfach Schwarzbrot.

Dick oder platt,
fett oder satt,
groff oder fin –
man echt mööt sie sin!
so spricht man an der Küste über den Matjes, der von Gourmets jedes Jahr ungeduldig erwartet wird. Junge, noch nicht laichreife Heringe werden als Matjes bezeichnet. Sie sind nicht sehr groß, dafür aber zart und fett.

HERING-AUFLAUF (oben)
Die Kartoffeln waschen und in etwa 30 Minuten in der Schale weich kochen. Eventuell kann dies schon am Vortag erledigt werden.
Die Heringe filetieren. Die Filets leicht mit Mehl überstäuben. In einer weiten Pfanne das Öl erhitzen und die Heringe beidseitig je 1 Minute braten.
Den Schnittlauch waschen und in Röllchen schneiden. Die Gurken in dünne Scheiben schneiden.
Den Backofen auf 200 °C vorheizen.
Eine feuerfeste Auflaufform mit Butter ausstreichen. Die Kartoffeln pellen und in Scheiben schneiden. Heringfilets, Kartoffeln und Gurkenscheiben gefällig einschichten. Mit den grünen Pfefferkörnern und Schnittlauch bestreuen.
Die Eier mit Sahne, Jogurt, Salz, Pfeffer, Piment und Paprikapulver verrühren und auf die Heringfilets gießen. Im Backofen etwa 30 Minuten garen.
Ein Glas gut gekühltes Bier dazu reichen.

Felchen-Flan auf Sauerampfer-Sauce

Für die Sauerampfer-Sauce:
50 g möglichst junger Sauerampfer
50 g Butter
⅛ Liter Hühnerbrühe
⅛ Liter Milch
⅛ Liter süße Sahne
10 g Mehl
½ sehr reife Avocado

Für den Felchen-Flan:
Butter für die Förmchen
225 g Felchen-Filet
Salz
1 TL Zitronensaft
⅛ Liter süße Sahne
2 Eiweiß
frisch gemahlener weißer Pfeffer nach Belieben
4 TL Lachskaviar

Für die Sauerampfer-Sauce den Sauerampfer waschen, Stiele und grobe Blättchen entfernen.
30 g Butter in einem Topf zerlaufen lassen und den Sauerampfer einige Minuten darin andünsten. Die Hühnerbrühe angießen, aufkochen lassen, vom Herd ziehen, mit dem Schneidstab pürieren und wieder auf die Kochplatte stellen. Milch und Sahne angießen, restliche Butter und Mehl verkneten und hineingeben. 3 Minuten köcheln lassen. Die Avocado schälen, vom Kern befreien und püriert zugeben.
Für den Felchen-Flan 4 kleine Becherförmchen (Timbale) mit Butter ausstreichen und in den Kühlschrank stellen. Das Felchen-Filet in Stücke schneiden und für 10–15 Minuten in das Gefrierfach legen. Den Backofen auf 160 °C vorheizen.
Den Fisch herausnehmen, salzen, mit Zitronensaft beträufeln und im Mixer pürieren. Die Sahne unterrühren und das ungeschlagene Eiweiß zufügen. Mit Salz und weißem Pfeffer gut abschmecken.
Die Farce in die Förmchen füllen und in eine mit warmem Wasser gefüllte Form stellen. Für 20–25 Minuten in den Backofen geben.
Die Sauce als Spiegel auf einen Teller gießen. Die Förmchen stürzen und darauf platzieren. Mit Lachskaviar garnieren.

Gartensauerampfer, die Kulturform des großen Sauerampfers, der auf Wiesen und in Wäldern von Regionen mit gemäßigtem Klima wild wächst, ist im Orient von alters her ein beliebtes Küchenkraut. Griechen und Römer schätzten ihn nicht nur wegen seines Geschmacks, sondern auch, weil seine Säure wirksam beim Verdauen opulenter Mahlzeiten hilft. Zudem wartet er mit einem enormen Gehalt an Vitamin A und C sowie Eisen auf.

Seehecht-Reis-Auflauf

200 g Langkorn-Wildreismischung
Salz
500 g Seehechtfilet
Saft von ½ Zitrone
1 EL Mehl
1 EL Olivenöl
1 EL Butter
frisch gemahlener weißer Pfeffer
800 g frischer oder 450 g tiefgekühlter Blattspinat
1 Msp. abgeriebene Muskatnuss
1 Scheibe Weißbrot ohne Rinde
5 EL süße Sahne
1 Schalotte
1 Knoblauchzehe
2 EL Olivenöl
1 Msp. Cayennepfeffer
2 Eiweiß
2–3 EL gemahlene Mandeln
Butter für die Form

½ Liter Wasser zum Kochen bringen. Den Reis hineinstreuen, salzen, einmal durchheben und ohne weiteres Umrühren abgedeckt 17–18 Minuten bei mäßiger Temperatur kochen lassen. Der Reis sollte noch Biss haben.
Das Seehechtfilet waschen, trockentupfen, in Portionsstücke schneiden, mit Zitronensaft beträufeln und salzen. Mit wenig Mehl beidseitig überstäuben. Das Öl erhitzen, die Butter zufügen und das Fischfilet auf beiden Seiten je 4–5 Minuten braten. Mit dem Pfeffer würzen.
Den Spinat waschen, putzen, harte Blattstiele entfernen. Nur mit dem anhaftenden Wasser in einen Topf geben und bei mäßiger Temperatur 5–8 Minuten dünsten. Mit Salz und Muskatnuss würzen.
Das Weißbrot mit der Sahne begießen. Die Schalotte und den Knoblauch abziehen. Die Schalotte reiben und die Knoblauchzehe zerdrücken oder beides mit dem Öl und dem Brot pürieren. Mit Salz, Pfeffer und Cayennepfeffer würzen. Das Eiweiß steif schlagen und mit den Mandeln unterziehen. Den Backofen auf 190–200 °C vorheizen.
Eine feuerfeste Auflaufform mit Butter ausstreichen. Den Reis einfüllen. Den Spinat darauf geben, dann das Fischfilet und zum Schluss alles mit der Mandelmasse bedecken. Für 12–15 Minuten in den Backofen stellen.

Der Seehecht oder Hechtdorsch, wie er auch genannt wird, lebt im Atlantik in Tiefen von 100 bis 1000 Metern. Die für Mitteleuropa interessanten Hauptfanggebiete liegen an den Küsten von Frankreich bis Portugal. Bei uns kommt er meistens in Form von tiefgefrorenen Filets in den Handel. Im Sommer angelandeter Seehecht schmeckt am besten.

Gratin von Steinbeisser und Meeresalgen

Für die Knoblauch-
mayonnaise:
½ rote getrocknete Pfefferschote
2 Knoblauchzehen
2 Eigelb
Salz
knapp ¼ Liter Olivenöl
frisch gemahlener schwarzer Pfeffer

300 g Meeresalgen
400 g Steinbeißerfilet, ersatzweise anderes Fischfilet
Salz
½ EL Mehl
2–3 Tomaten
4–5 EL Olivenöl
5 EL trockener Weißwein
Pfeffer
Butter für die Portionsteller

Für die Knoblauchmayonnaise die Pfefferschote waschen. Mit etwas kochendem Wasser überbrühen und einweichen. Die Knoblauchzehen abziehen und zerdrücken, Eigelb und Salz zufügen. ½ Stunde stehen lassen.

Die Meeresalgen mehrfach gründlich waschen, putzen und trockentupfen. Das Fischfilet säubern, in 4 Portionsstücke schneiden, salzen und leicht mit Mehl überstäuben. Die Tomaten überbrühen, häuten und in Scheiben schneiden. 2 Esslöffel Öl in einer Pfanne erhitzen und die Meeresalgen unter häufigem Wenden 3–4 Minuten leicht braten. Sie sollten noch knackig sein. Herausnehmen, warm stellen und die Pfanne auswischen.

Das restliche Öl erhitzen und das Fischfilet beidseitig je 3–4 Minuten braten. Mit dem Wein ablöschen, pfeffern und etwas einkochen lassen. 4 Portionsgratinformen oder Teller mit Butter ausstreichen. Den Grill vorheizen.

Die Mayonnaise fertig stellen. Dazu die Pfefferschote häuten und mit 3 Esslöffel Einweichwasser pürieren. Die Knoblauch-Eigelbmasse – am besten mit den Schneebesen des Handrührgeräts – schaumig rühren und tropfenweise das Öl zugießen, so dass eine cremige Masse entsteht. Die pürierte Pfefferschote zufügen und mit Salz sowie Pfeffer pikant abschmecken.

Die Meeresalgen auf die gebutterten Gratinformen verteilen. Die Tomatenscheiben darauf anordnen, etwas salzen und pfeffern und den Fisch darauf legen. Die Mayonnaise darüber streichen, etwa 2 Minuten unter den Grill stellen und goldgelb werden lassen.

Was liegt näher, als ein Fischgericht mit Meeresalgen zu kombinieren? In den Küchen vieler Küstenländer spielt Meeresgemüse schon von alters her eine große Rolle. Kelten und Wikinger schätzten die Rotalge Dulse und die Japaner verschiedene Arten wie Nori, Wakame oder Kombu. Algen enthalten neben hochwertigem Eiweiß viel Jod, Kalzium, Eisen und Vitamine. Dieses Meeresgemüse wird in flachen Gewässern vom Boot aus mit Haken geerntet. In größeren Tiefen schneiden Taucher die strauchartigen Pflanzen ab, um sie dann mit Netzen oder Körben ins Schiff heraufzuholen.

Gratinierte Meeresfrüchte

Für die Muscheln:
1 Zwiebel
1 Knoblauchzehe
1 Mohrrübe
½ Lauchstange
1 Selleriestange
2–3 EL Olivenöl
1 kg Venusmuscheln
¼ Liter Weißwein
1 Lorbeerblatt
1 Zweig Thymian
1 Zweig Petersilie
Salz, Pfeffer

Für das Fischfilet:
½ Zwiebel
1 Mohrrübe
¼ Liter Weißwein
1 Zweig Petersilie
1 Zweig Thymian
1 Lorbeerblatt
Salz, Pfeffer
500 g Fischfilet (Heilbutt, Seehecht, Dorsch)
200 g Meeresalgen
½ kleine Knoblauchzehe
1–2 EL Olivenöl

Für die Sauce:
2 Schalotten
40 g Butter
50 ml trockener Wermut wie Noilly Prat
⅛ Liter Weißwein
½ Liter Fischsud
200 g Crème double
je 1 EL Mehl und Butter
einige Safranfäden
Salz, Pfeffer
2 Eigelb
150–200 g gekochte, geschälte Tiefseegarnelen

Die Zwiebel und die Knoblauchzehe abziehen. Die Zwiebel würfeln und den Knoblauch zerdrücken. Die Gemüse waschen, putzen und in Stücke schneiden. Das Olivenöl in einem weiten Topf erhitzen und die Zwiebel darin andünsten. Den Knoblauch und das Gemüse zufügen. Wenige Minuten weiterdünsten lassen. Die Venusmuscheln gründlich in kaltem Wasser waschen. Geöffnete Muscheln wegwerfen. Die Muscheln zugeben und mit dem Weißwein ablöschen. Lorbeerblatt und Kräuter hineingeben, salzen und pfeffern. Abgedeckt etwa 5–8 Minuten kochen lassen, bis sich die Muscheln geöffnet haben. Vom Herd nehmen. Das Muschelfleisch aus den Schalen lösen. Muscheln, die sich nicht geöffnet haben, wegwerfen.
Die Zwiebel abziehen und die Mohrrübe schälen, beides in Scheiben schneiden. ¼ Liter Wasser mit Wein, Zwiebel, Mohrrübe, Petersilie, Thymian und Lorbeerblatt zum Kochen bringen, salzen, pfeffern und den Fisch einlegen. 10 Minuten bei mäßiger Temperatur ziehen lassen. Den Fisch herausnehmen und abgedeckt beiseite stellen.
Den Sud durch ein Sieb gießen. Die Algen gründlich waschen und trockentupfen, die Knoblauchzehe abziehen. Das Olivenöl in einer weiten Pfanne erhitzen. Die Algen für einige Minuten hineingeben, den Knoblauch zufügen und unter Rühren kurz garen.
Die Schalotten abziehen und würfeln. 20 g Butter in einem Topf erhitzen. Die Schalotten darin andünsten. Mit Noilly Prat ablöschen und etwas einkochen lassen. Den Weißwein angießen und wieder einkochen lassen. Den Fischsud angießen und wieder reduzieren. Die Crème double einrühren und 3 Minuten köcheln lassen. Mehl und Butter verkneten und zufügen. Weitere 3 Minuten köcheln lassen. Die Safranfäden auflösen und zufügen. Mit Salz und weißem Pfeffer würzen und vom Herd nehmen. Das Eigelb mit etwas Sauce verrühren und in die Sauce geben.
Den Backofen auf 250 °C vorheizen und den Grill auf mittlere bis höchste Stufe stellen. Alles auf feuerfesten Portionstellern anrichten: Den Fisch mit Algen umlegen und auf dem Fisch die Venusmuscheln und die Garnelen verteilen. Mit der Sauce überziehen und für 4–5 Minuten unter den Grill stellen. Die Oberfläche soll goldgelb, jedoch nicht zu dunkel werden.

Stockfisch mit Spinat und schwarzen Nudeln

1 kg Stockfisch
1 Liter Milch
1 Zweig möglichst frischer Thymian
1 Lorbeerblatt
60 g Butter
40 g Mehl
frisch gemahlener weißer Pfeffer
abgeriebene Muskatnuss
500 g Spinat, ersatzweise 450 g tiefgekühlter Spinat
frisch gemahlener schwarzer Pfeffer
2 EL Crème double
1 EL Olivenöl
Salz
200 g schwarze Nudeln (mit Tinte vom Tintenfisch gefärbt)
Butter für die Form
4–5 EL süße Sahne
40–50 g frisch geriebener Emmentaler

Den Stockfisch mindestens 30 Stunden wässern. Das Wasser mehrfach wechseln. Den Stockfisch mit ½ Liter Milch und frischem Wasser sowie Thymianzweig und Lorbeerblatt aufsetzen, der Fisch sollte mit Flüssigkeit bedeckt sein, und bei geringer Temperatur etwa 15 Minuten kochen.
50 Gramm Butter in einem Topf zerlassen. Das Mehl darüber stäuben und goldgelb durchschwitzen. Unter ständigem Rühren die restliche Milch nach und nach angießen. Mit weißem Pfeffer und Muskatnuss würzen. Bei mäßiger Hitze und unter Rühren die dickflüssige Sauce 6–8 Minuten kochen lassen.
Den Spinat waschen, verlesen und die groben Stiele entfernen. Mit dem anhaftenden Wasser und noch 2 weiteren Esslöffeln Wasser in einen Topf geben und 4–5 Minuten garen. Mit schwarzem Pfeffer und Muskatnuss würzen. Den Spinat pürieren und mit Crème double verfeinern.
Wasser in einem großen Topf zum Kochen bringen. Salz, Öl und die Nudeln hineingeben. Nach Belieben die langen Nudeln einmal durchbrechen. Je nach Herstellerhinweis in 8–10 Minuten bissfest kochen. Abgießen, abschrecken und die restliche Butter unterziehen. Den Backofen auf 200 °C vorheizen.
Eine feuerfeste Auflaufform mit Butter ausstreichen. Den Stockfisch aus der Flüssigkeit nehmen, von Haut und Gräten befreien und in kleine Segmente teilen. Den Fisch in die weiße Sauce geben. Mit der Sahne verfeinern und mit weißem Pfeffer und Muskatnuss abschmecken.
Zunächst eine Schicht Fischsauce in die Form geben, dann schwarze Nudeln, Spinat, wieder Fischsauce, Nudeln usw., bis alles verbraucht ist. Die letzte Schicht sollte aus Fischsauce bestehen. Mit dem Käse bestreuen und für 15–20 Minuten in den Backofen stellen, bis der Käse eine goldgelbe Farbe hat.

In früheren Zeiten war das Trocknen von Fischen, vornehmlich von Kabeljau und Dorsch, eine der Methoden, ihn lagerfähig zu machen. Wurde der Fisch auf Holzgerüsten in Wind und Sonne getrocknet, nannte man ihn Stockfisch, wurde er auf Klippen gelegt, Klippfisch.

Gefüllte Miesmuscheln

1 kg Miesmuscheln

Zum Kochen der Muscheln:
1 Zwiebel
½ Stange Lauch
1 Mohrrübe
1 kleine Tomate
2 EL Olivenöl
Salz
Pfeffer
1 Zweig Petersilie
1 Zweig Thymian
1 Lorbeerblatt
¼ Liter trockener Weißwein

Für das Gratinieren der Muscheln:
5 EL Semmelbrösel
2–3 Zweige glatte Petersilie
½ Schalotte
½ kleine Knoblauchzehe
60 g weiche Butter
2 EL gemahlene Mandeln
Salz
frisch gemahlener weißer Pfeffer
1 Msp. Cayennepfeffer

Tipp:
Nach dem Kauf sollten die Muscheln möglichst schnell verbraucht werden. Bis dahin müssen sie im Kühlschrank bei etwa + 4 °C aufbewahrt werden.

Die Muscheln gründlich waschen, bürsten und die Bärte entfernen. Offene Muscheln wegwerfen. Die Zwiebel abziehen und würfeln. Lauch, Mohrrübe und Tomate waschen, Lauch und Mohrrübe in Scheiben schneiden, die Tomate vierteln.
Das Olivenöl in einem weiten Topf erhitzen. Die Zwiebel darin andünsten. Lauch, Mohrrübe und Tomate zufügen und weiterdünsten. Salzen, pfeffern und die Muscheln zufügen, dann Petersilie, Thymian und Lorbeerblatt. Den Weißwein angießen. Abgedeckt 6–7 Minuten kochen lassen, bis sich die Muscheln öffnen. Dazwischen den Topf einige Male kräftig schütteln.
Die oberen Schalen der Muscheln entfernen. Muscheln, die sich nicht geöffnet haben, entfernen. Die Muscheln in der Schalenhälfte auf eine feuerfeste Platte setzen und den Backofen auf etwa 250 °C vorheizen, den Grill auf mittlerer Stufe. Semmelbrösel in eine Schüssel geben und mit 80 Milliliter durchgeseihter Muschelbrühe übergießen. Die Petersilie waschen, trockentupfen, die Blättchen von den Stielen zupfen und hacken, etwas für die Garnitur zurückbehalten. Die Schalotte und die Knoblauchzehe abziehen und zerdrücken. Petersilie, Schalotte, Knoblauch, weiche Butter und Mandeln zu den Semmelbröseln geben und verkneten. Mit Salz, Pfeffer und Cayennepfeffer würzen. Diese Mischung auf die Muschelhälften geben und im Backofen unter den Grill stellen, bis die Oberfläche goldgelb ist. Mit Petersilienblättchen garnieren und servieren.

Miesmuscheln werden sie genannt, sind aber alles andere als „mies“. Die Bezeichnung leitet sich ab von Moos, weil die in flachen Küstengewässern wachsenden Schalentiere oft bemoost sind.

Frisch gefischt und fein gratiniert

GRATINIERTE FORELLENFILETS
Für 2 Personen

½ Bund Schnittlauch
1 großes Ei
Salz
1 ½ EL Crème fraîche
1 TL Speisestärke
frisch gemahlener weißer Pfeffer
1 TL geriebener Meerrettich
Butter für die Teller
2 halbe geräucherte Forellenfilets

GRATINIERTE GARNELEN
Für 2 Personen

½ Bund Schnittlauch
1 EL Mascarpone
1 EL Crème fraîche
1 Ei
1 ½ EL Kokosnussflocken
Salz
frisch gemahlener weißer Pfeffer
2 Msp. Currypulver
Olivenöl zum Ausstreichen der Teller
150–200 g küchenfertige, gekochte Garnelen

GRATINIERTE FORELLENFILETS

Den Rost aus dem Backofen nehmen. Den Grill auf mittlerer Stufe vorheizen.
Den Schnittlauch waschen und in dünne Röllchen schneiden. Das Ei trennen. Das Eiweiß mit etwas Salz steif schlagen.
Crème fraîche, Eigelb und Speisestärke verrühren, salzen und pfeffern. Den Meerrettich und den Schnittlauch zugeben und das Eiweiß darunter ziehen.
2 feuerfeste Teller mit Butter ausstreichen. Die Forellenfilets darauf legen und mit der Meerrettichcreme überziehen. Die Teller auf dem kalten Rost auf die zweite Schiene von oben stellen und etwa 5 Minuten gratinieren.

Dieses Gericht eignet sich besonders für Eilige. Es lässt sich schnell und problemlos zubereiten. Die angegebenen Mengen sind für eine leckere Vorspeise gedacht. Für ein Hauptgericht müssen die Zutaten einfach verdoppelt werden.

GRATINIERTE GARNELEN

Den Rost herausnehmen und den Grill auf höchster Stufe vorheizen.
Den Schnittlauch waschen und in dünne Röllchen schneiden.
Mascarpone, Crème fraîche, Ei, Kokosnussflocken und Schnittlauch verrühren. Mit Salz, Pfeffer und Currypulver würzen.
2 kleine feuerfeste Teller mit Olivenöl ausstreichen. Die Garnelen hineingeben. Mit der angerührten Creme übergießen. Die Teller auf den kalten Rost stellen und in den Backofen auf die zweite Schiene von oben geben. In etwa 3–4 Minuten gratinieren.

Fangfrische Garnelen sind auf dem Markt eher selten anzutreffen. Den Hauptanteil bestreiten die auf den Fangschiffen bereits gekochten Garnelen. Man erkennt sie an ihrer roten Farbe, das Fleisch frischer Garnelen ist grau.

Überbackener Fisch

Für etwa 3 Minuten in den Backofen stellen, bis die Kruste goldgelb ist. Sollte der Fisch sehr kalt gewesen sein, diesen zuvor auf dem Herd erwärmen oder in der Mikrowelle kurz erhitzen. Dazu passt wunderbar Reis.

Hier das Rezept für ein schnell zubereitetes, leckeres Gericht. Dazu lassen sich Reste von Fisch der Vortagsmahlzeit bestens verwerten.

Für 2 Personen

1 Knoblauchzehe
1 Frühlingszwiebel
1 Banane
1 Stück frischer Ingwer von etwa 2 cm
Salz
frisch gemahlener Pfeffer
2 EL Olivenöl
Butter für die Teller
200 g gekochte oder gebratene Fischreste
2 Eier
2 EL Kokosnussraspel

Die Knoblauchzehe abziehen. Das Weiße der Frühlingszwiebel in Stücke schneiden. Die Banane und den Ingwer schälen. Alles mit dem Schneidstab pürieren, salzen und pfeffern. Das Olivenöl in einer Pfanne erhitzen. Die Mischung hineingeben und unter Rühren 2 Minuten braten. Vom Herd nehmen und erkalten lassen. Den Backofen und den Grill auf mittlerer Stufe vorheizen.
2 feuerfeste Teller mit Butter ausstreichen. Den entgräteten Fisch zerpflücken und hineingeben. Die Eier trennen. Das Eiweiß mit etwas Salz steif schlagen. Das Eigelb und die Kokosnussraspel unter das Püree rühren. Den Eischnee unterziehen. Diese Mischung auf den Fisch streichen.

Thunfisch auf Paprikagemüse

Für die Marinade:
1 EL frische gemischte Kräuter wie Kerbel, Basilikum, Estragon, Petersilie, Lavendel, Salbei
4 frische Thunfischsteaks von je etwa 150 g
10 EL Olivenöl
1 Knoblauchzehe

Für die Mayonnaise:
1 Knoblauchzehe
Salz, 2 Eigelb
80–100 ml Olivenöl
frisch gemahlener weißer Pfeffer
1–2 Msp. Cayennepfeffer
etwa 1 TL Zitronensaft
2 EL Semmelbrösel
2 EL gemahlene Mandeln

Für das Paprikagemüse:
1 rote Paprikaschote
1 grüne Paprikaschote
3 Tomaten
1 Zwiebel
1 EL Olivenöl, 1 EL Butter
50 ml trockener Weißwein
Salz, Pfeffer

Für das Braten der Thunfischsteaks:
1 EL Olivenöl
1 EL Butter

Tipp:
Die Marinade kann gut verschlossen im Kühlschrank einige Tage aufbewahrt und zum Marinieren von gegrilltem Fisch verwendet werden.

Die Kräuter waschen, trockentupfen, die Blättchen von den Stielen zupfen und hacken. Zusammen mit den Thunfischsteaks und Olivenöl in eine Schale geben. Den Knoblauch abziehen, zerdrücken und ebenfalls zufügen. Abgedeckt für einige Stunden kühl stellen.
Für die Mayonnaise die Knoblauchzehe abziehen, zerdrücken und mit Salz und Eigelb verrühren. Bei Zimmertemperatur ½ Stunde stehen lassen.
Für das Paprikagemüse die Schoten waschen, aufschneiden, von Kernen und Zwischenwänden befreien und in kleine Streifen schneiden. Die Tomaten in kleine Stücke schneiden. Nach Belieben können die Tomaten vorher gehäutet und die Kerne entfernt werden. Die Zwiebel abziehen und würfeln.
Das Olivenöl in einer weiten Pfanne erhitzen und die Butter zufügen. Die Zwiebel darin einige Minuten andünsten. Die Paprikaschoten zufügen und 5 Minuten leicht anbraten. Die Tomaten hineingeben, durchschmoren lassen und mit dem Wein ablöschen. Mit Salz und Pfeffer würzen. Weitere 5 Minuten garen. Vom Herd nehmen und abgedeckt warm halten.
Die Thunfischsteaks aus der Marinade nehmen. Das Olivenöl in einer Pfanne erhitzen. Die Butter zufügen und den Thunfisch beidseitig je nach Dicke der Steaks 2–3 Minuten braten und warm halten.
Nun die Mayonnaise zum Gratinieren fertig stellen. Dazu das Eigelb mit dem Schneebesen des Handrührers auf niedrigster Stufe schaumig rühren und tropfenweise das Olivenöl zugeben, dabei immer weiter rühren, bis sie dick und cremig ist. Mit Salz, Pfeffer, Cayennepfeffer und Zitronensaft abschmecken. Die Semmelbrösel und Mandeln unterziehen. Sollte die Masse zu fest sein, 1 Esslöffel Wasser oder Gemüsebrühe vom Paprikagemüse unterrühren.
Das Gemüse in eine feuerfeste Auflaufform oder besser noch auf 4 Portionsteller geben. Den Thunfisch darauf legen und mit der Mayonnaise bestreichen.
Für 2–3 Minuten unter den vorgeheizten Grill stellen, bis alles goldgelb ist.

Werden Gäste erwartet, ist dieses Gericht genau das Richtige. Es lässt sich nämlich einige Zeit vorher zubereiten und braucht dann nur noch in den Ofen geschoben zu werden.

Kraken mit Tomaten und Safran-Mayonnaise

2 küchenfertige Kraken von je etwa 450 g
1 Selleriestange mit Blättern
1 Petersilienwurzel
je 1 Zweig Estragon, Thymian und Petersilie
1 Zwiebel
¼ Liter trockener Weißwein
Salz, Pfeffer

160 g Langkornreis oder Naturreis

Für das Tomatenpüree:
6 Tomaten, 1 Zwiebel
½ Mohrrübe
1 Selleriestange
2 EL Olivenöl
nach Belieben
2 EL Tomatenmark
¼ Liter trockener Rotwein
Salz, Pfeffer
2 EL gehackte frische glatte Petersilie, Basilikum und Oregano

1 rote Paprikaschote
⅛ Liter Gemüsebrühe

Für die Safran-Mayonnaise:
1–2 Knoblauchzehen
1 kleine rote Pfefferschote
3 Safranfäden
1 Eigelb, Salz
1 große gekochte Kartoffel
80 ml Olivenöl, Pfeffer
1–2 TL Zitronensaft

Butter für die Form
1–2 EL Semmelbrösel

Die Kraken weich klopfen. Das Gemüse und die Kräuter waschen, putzen und zerkleinern. Die Zwiebel abziehen und vierteln. Kraken mit Gemüse und Kräutern in einen Topf geben. Wasser und Wein angießen. Zum Kochen bringen, salzen und pfeffern. ¾ bis 1 Stunde kochen, bis sie weich sind.
Den Reis nach Packungsanweisung kochen.
Für das Tomatenpüree die Tomaten überbrühen, häuten, entkernen und hacken. Zwiebel, Mohrrübe und Sellerie putzen und würfeln. Das Olivenöl in einem weiten Topf erhitzen. Die Zwiebel darin andünsten. Nach einigen Minuten die Mohrrübe und Selleriestange zufügen und 5 Minuten mitdünsten. Die Tomaten hineingeben und weitere 5 Minuten schmoren lassen. Nach Belieben Tomatenmark zugeben, mit dem Rotwein ablöschen, salzen und pfeffern. Bei mäßiger Temperatur 20 Minuten köcheln lassen und pürieren. Die Kräuter unterrühren.
Die Fangarme der Kraken in Stücke schneiden und unter das Tomatenpüree mischen, gut würzen. Die Paprikaschote aufschneiden, waschen, entkernen, von den Zwischenwänden befreien und in Stücke schneiden. In wenig Brühe 6–8 Minuten garen.
Für die Safran-Mayonnaise die Knoblauchzehen abziehen und zerdrücken. Die rote Pfefferschote aufschneiden, entkernen und in kleine Stücke schneiden. Die Safranfäden auflösen. Das Eigelb mit Knoblauch und Salz verrühren und bei Zimmertemperatur etwas stehen lassen. Die Kartoffel durch eine Presse drücken. Das Eigelb mit den Schneebesen des Handrührers auf kleiner Stufe schaumig rühren. Nach und nach das Öl zugießen. Dabei immer rühren. Kartoffeln, Pfefferschote und Safranfäden unterrühren. Mit Salz, Pfeffer und Zitronensaft abschmecken.
Den Backofen auf 180 °C vorheizen sowie den Grill auf niedrigste Stufe einstellen. Eine Auflaufform mit Butter ausstreichen.
Der Reis bildet die unterste Schicht. Darauf die Kraken mit Tomatenpüree und Paprikaschote geben. Mit Safran-Mayonnaise abdecken und mit Semmelbröseln bestreuen. Für 8–10 Minuten auf die unterste Schiene des Backofens geben, bis die obere Schicht hellbraun ist.

Gratinierte Jakobsmuscheln

Für die Sauce:
1 Knoblauchzehe
Salz
2 Eigelb
2 Msp. Safranpulver
etwa 80 ml Olivenöl
Salz
frisch gemahlener
weißer Pfeffer
einige Tropfen
Zitronensaft
evtl. 1 EL Fischbrühe

8–12 Jakobsmuscheln
1 Schalotte
1 Frühlingszwiebel
2 Zweige Dill
¼ Liter Fischbrühe

200 g grobes Meersalz

Tipp:
Sind Jakobsmuschelhälften vorhanden, kann man auch bereits ausgelöste Jakobsmuscheln kaufen.

Die Knoblauchzehe abziehen und zerdrücken. Salz, Eigelb und Safran zufügen. Gut verrühren und bei Zimmertemperatur 20 Minuten stehen lassen. Das Olivenöl tropfenweise zufügen und alles zu einer dicken Mayonnaise aufschlagen. Mit Salz und Pfeffer würzen und mit Zitronensaft abschmecken. Bei Bedarf 1 Esslöffel Fischbrühe unterrühren, so dass die Mayonnaise streichfähig ist.
Die Jakobsmuscheln öffnen und die Nüsschen sowie den Rogen herauslösen. Die tieferen Schalenhälften gut waschen, bürsten und trockentupfen.
Die Schalotte abziehen und fein hacken. Die Frühlingszwiebel waschen und in dünne Ringe schneiden. Den Dill waschen und zerkleinern, etwas für die Garnitur zurückbehalten. Die Fischbrühe mit Schalotte, Frühlingszwiebel und Dill zum Kochen bringen. Nüsschen und Rogen 1–2 Minuten in der Fischbrühe ziehen lassen.
Den Grill auf mittlerer bis höchster Stufe vorheizen. Das Muschelfleisch mit dem Rogen in die Schalenhälften geben, mit der Mayonnaise überziehen und für 1–2 Minuten unter den Grill stellen, bis die Oberfläche goldgelb ist. Die Muschelhälften auf ein Salzbett stellen, mit Dillzweig garnieren und sofort servieren.

Jakobsmuscheln vorbereiten ist nicht schwer. Sie werden zunächst für einige Stunden in Salzwasser gelegt, damit der mit der Nahrung aufgenommene Sand ausgeschieden wird. Zum Öffnen nimmt man die gut gewaschenen Muscheln mit der flachen Schalenhälfte nach oben mit einem Küchentuch fest in die linke Hand, schiebt ein kurzes Messer zwischen die Schalen und durchtrennt den Muskel. Danach hebt man die obere Schale ab und löst den grauen Außenrand des Fleisches von der unteren Schale, nimmt Nüsschen und orangefarbenen Rogensack, „corail“ genannt, heraus und zieht den grauen Rand vom weißen Fleisch ab. Der Rogen wird vorsichtig vom Muskelfleisch getrennt und die Nüsschen werden flach halbiert.

Mit Fleisch, Geflügel und Wild

Hackfleisch in Roter Mole

3 getrocknete Chilischoten wie *guajillos*, *anchos* oder eine andere Art
3 Tomaten
1 Zwiebel
1–2 Knoblauchzehen
2–3 Nelken
4–5 schwarze Pfefferkörner
½ TL gemahlener Zimt
1 TL getrockneter Oregano
40 g Kürbiskerne

5 EL Olivenöl
500 g Hackfleisch
etwa ⅛ Liter Hühner- oder Rindfleischbrühe
Salz
Butter für die Form
300 g Nudeln
50 g frisch geriebener Manchego

Die Chilischoten aufschneiden, entkernen, von den Zwischenwänden befreien und etwas zerkleinern. Vorsicht, die Hände nicht in die Nähe der Augen bringen, möglichst Handschuhe tragen, wenn die Chilischoten sehr scharf sind. Eine trockene Pfanne leicht erhitzen und die Chilischoten darin rösten. Dabei immer rühren und aufpassen, dass sie nicht schwarz werden. Zunächst dauert dies lang, dann geht es sehr schnell. Die Schoten in ein Schüsselchen geben und mit 200 Milliliter heißem Wasser übergießen.
Die Tomaten überbrühen, häuten, vom Stielansatz befreien und entkernen. Die Zwiebel und die Knoblauchzehen abziehen. Die Zwiebel grob zerteilen. Zwiebel, Knoblauch, Nelken und Pfefferkörner in die gleiche Pfanne geben und rösten. Nun kurz noch Zimt und Oregano zufügen. Durch das Rösten intensivieren sich die Aromen. Alles zusammen, einschließlich eingeweichte Chillies mit Einweichwasser sowie Tomaten sowie Kürbiskernen in einen Mixer geben und pürieren. Ist kein Mixer vorhanden, nimmt man dafür einfach den Schneidstab des Handrührers.

4 Esslöffel Olivenöl in einer weiten, tiefen Pfanne erhitzen. Das Hackfleisch darin etwa 10 Minuten unter Rühren anbraten. Die pürierten Zutaten zufügen, die Hühnerbrühe angießen, salzen und bei mäßiger Temperatur 25 Minuten kochen lassen. Den Backofen auf 190 °C vorheizen. Eine feuerfeste Auflaufform mit Butter ausstreichen.
Wasser zum Kochen bringen. Salz und das restliche Olivenöl hineingeben. Die Nudeln hineinschütten und je nach Anweisung des Herstellers in 8–12 Minuten bissfest kochen, abgießen und abschrecken.
Die Nudeln in die Form geben. Das Hackfleisch darüber geben und mit dem Käse bestreuen. Für etwa 15 Minuten in den Backofen stellen, bis der Käse geschmolzen ist.

Als „mole" bezeichnet man in Mexiko Saucen oder Gewürzmischungen, die Chili enthalten. Sie sind ein fester Bestandteil der mexikanischen Küche und standen davor schon auf aztekischen Speiseplänen.

Kalbsschnitzel mit Lauch und Gorgonzola

2 Stangen Lauch von insgesamt 500–600 g
3 EL Olivenöl
40 g Butter
4 dünne Kalbsschnitzel

80 g Gorgonzola
2 Eier
⅛ Liter süße Sahne
3 EL saure Sahne
3 EL gemahlene Walnüsse
Salz
frisch gemahlener Pfeffer
abgeriebene Muskatnuss
Butter für die Form

Den Lauch gründlich waschen, putzen und in Scheiben schneiden. Die Hälfte des Olivenöls in einem weiten Topf erhitzen. Die Hälfte der Butter zufügen und den Lauch darin unter Rühren etwa 5 Minuten dünsten. Vom Herd nehmen. Die andere Hälfte des Olivenöls in einer weiteren Pfanne erhitzen und die restliche Butter zufügen. Die Kalbsschnitzel darin beidseitig je etwa 2 Minuten braten. Den Backofen auf 180–190 °C vorheizen.

Den Gorgonzola mit einer Gabel zerdrücken und mit den Eiern, süßer und saurer Sahne und den Nüssen verrühren. Mit Salz, Pfeffer und Muskatnuss würzen.

Eine feuerfeste Auflaufform oder 4 Portionsteller mit Butter ausstreichen. Die Kalbsschnitzel hineingeben. Mit Lauchgemüse belegen und mit der Gorgonzolasauce übergießen. Für etwa 20 Minuten in den Backofen stellen. In der Form auftragen.

Gorgonzola, ein Ort in der Nähe von Mailand, hat diesem weichen Edelschimmelkäse seinen Namen verliehen. Heute wird er in Teilen der Lombardei und des Piemont hergestellt. Sein charakteristisch würziger Geschmack verleiht diesem Gericht die besondere Note.

Nudeln mit Schinken und Schnecken

1 Bund glatte Petersilie
2 Schalotten
1 Knoblauchzehe
40 g Butter
20 g Mehl
Salz
frisch gemahlener Pfeffer
2 EL Öl
200 g Bandnudeln
200 g gekochter Schinken
200 g Champignons
24 Achatschnecken aus der Dose
1/8 Liter trockener Weißwein
1/8 Liter süße Sahne
1 Ei

Butter für die Form

Die Petersilie waschen, trockentupfen, die Blättchen von den Stielen zupfen und hacken. Die Schalotten und die Knoblauchzehe abziehen. Die Schalotten fein würfeln und die Knoblauchzehe zerdrücken. Diese Zutaten mit der weichen Butter, Mehl, Salz und Pfeffer verkneten.
Wasser in einem Topf zum Kochen bringen, Salz und 1 EL Öl zufügen und die Nudeln hineingeben. Je nach Anweisung des Herstellers die Nudeln in 8–12 Minuten bissfest kochen.
Den Schinken in feine Streifen schneiden. Die Champignons putzen und in Scheiben schneiden. Den Backofen auf 190 °C vorheizen.
Den restlichen Löffel Öl in einer weiten Pfanne erhitzen. Die Champignons 2–3 Minuten darin andünsten, die Petersilienbutter zugeben und weitere 2–3 Minuten garen. Nun den Schinken und die Schnecken samt Sud, Wein und Sahne kurz aufkochen lassen und vom Herd nehmen.
Das Ei mit etwas Sauce verquirlen. Eine feuerfeste Auflaufform mit Butter ausstreichen. Die Nudeln in die Auflaufform geben und die Schinken-Schnecken-Champignon-Sauce mit dem verrührten Ei darüber gießen. Für etwa 20 Minuten in den Backofen stellen, bis die Oberfläche goldgelb ist.

Schon in der Küche der Antike genossen Weinbergschnecken einen guten Ruf. Heute werden die in den tropischen Urwäldern beheimateten Achatschnecken in Farmen gezüchtet und küchenfertig als Dosenware in alle Welt exportiert.

Sauerkraut-Leberwurst-Auflauf

Für das Kartoffelpüree:
400 g Kartoffeln
Salz
30 g Butter
etwa ⅛ Liter heiße Milch
abgeriebene Muskatnuss
nach Belieben 1 Eigelb

1 Zwiebel
350 g Sauerkraut
2 EL Öl
40–50 g Butter
1½ EL Mehl
150 ml Milch
125 ml Sahne
Salz
frisch gemahlener weißer Pfeffer
abgeriebene Muskatnuss
3 Eiweiß

Butter für die Form
etwa 250 g Leberwurst

Für das Kartoffelpüree die Kartoffeln waschen, schälen und etwa 20 Minuten in Salzwasser kochen. Durch die Kartoffelpresse drücken und mit Butter und heißer Milch verrühren. Mit Salz und Muskatnss abschmecken und nach Belieben 1 Eigelb unterrühren.
Die Zwiebel abziehen und fein würfeln. Das Sauerkraut auseinander zupfen, eventuell etwas kleiner schneiden.
Das Öl in einem weiten Topf erhitzen. Die Butter zufügen und die Zwiebel darin einige Minuten andünsten. Das Sauerkraut zufügen und 10 Minuten dünsten. Mit Mehl überstäuben, durchschwitzen lassen und mit Milch und Sahne ablöschen. 10 Minuten unter Rühren bei mäßiger Temperatur kochen lassen. Mit Salz, Pfeffer und Muskatnuss würzen. Vorsicht, dass nichts anbrennt.
Das Sauerkraut vom Herd nehmen und etwas abkühlen lassen. Das Eiweiß mit etwas Salz steif schlagen und unter das Sauerkraut ziehen. Den Backofen auf 175–180 °C vorheizen.
Eine feuerfeste Auflaufform mit Butter ausstreichen. Das Kartoffelpüree als unterste Schicht einfüllen, einen Teil Sauerkraut darauf geben, dann die in Scheiben geschnittene Leberwurst. Mit Sauerkraut abschließen. Für etwa 30 Minuten in den Backofen geben.

Sauerkraut wird von den meisten Leuten vor allem als deftige Schlachtplatte mit Blut- und Leberwürsten, Bauchspeck und Kesselfleisch geschätzt. Es ist aber auch in anderer Form äußerst schmackhaft, wie dieser ungewöhnliche Auflauf beweist.

Chinakohl mit Speck

1 Chinakohl von
900–1000 g Gewicht
1 Zwiebel
150 g magerer
geräucherter Speck
600 g Kartoffeln
Salz
40 g Butter
60 ml Gemüse- oder
Hühnerbrühe
60 ml trockener Weißwein
frisch gemahlener weißer
Pfeffer
½ TL Kümmel
3 Eier
200 ml süße Sahne
2 EL Speisestärke

Butter für die Form

Die äußeren Blätter vom Chinakohl entfernen. Die Blätter vom Strunk lösen, dicke Rippen wegschneiden, die Kohlblätter waschen, trockentupfen und in Streifen schneiden. Die Zwiebel abziehen und fein schneiden. Den Speck würfeln. Die Kartoffeln waschen, schälen und in kleine Stücke schneiden. In Salzwasser gar kochen.
Die Butter in einem weiten Topf erhitzen und die Zwiebel darin andünsten. Den Speck zugeben und nach einigen Minuten den Chinakohl. Nach 5 Minuten mit Brühe und Wein ablöschen. Mit Salz, Pfeffer und Kümmel würzen. Abgedeckt etwa 15 Minuten kochen lassen. Den Backofen auf 190 °C vorheizen.
Eier, Sahne und Speisestärke verrühren. Mit Salz und Pfeffer würzen. Eine feuerfeste Auflaufform mit Butter ausstreichen. Den Chinakohl mit dem Speck und den Kartoffeln einfüllen. Mit der Eiersahne übergießen und für 20–25 Minuten in den Backofen stellen, bis die Eiersahne gestockt und die Oberfläche goldgelb ist.

Chinakohl stammt ursprünglich, wie der Name schon andeutet, aus China. Gegenüber anderen Vertretern aus der großen Kohlfamilie weist er einige Besonderheiten auf – und dies nicht zu seinem Nachteil: Bei ihm fehlt der typische Kohlgeschmack, seine Blätter sind besonders fein und knackig, dazu noch leicht verdaulich und mit einem guten Schuss Aminosäuren und Senfölen trägt er außerdem zur gesunden Ernährung bei. Aus diesem Grund sollte man ihn öfters auf den Speiseplan setzen. Er wird auch nicht nur im Herbst und Winter angeboten und im Gemüsefach des Kühlschrankes lässt er sich bis zu 10 Tagen aufbewahren, ohne seine guten Eigenschaften zu verlieren.

HACKFLEISCH-KARTOFFEL-AUFLAUF

1 große Zwiebel
4 Tomaten
4 EL Öl
400 g Hackfleisch
Salz
frisch gemahlener schwarzer Pfeffer
½ TL Paprikapulver, edelsüß
2 Msp. Chilipulver
1 TL Oregano
1 Lorbeerblatt

600 g Kartoffeln
35 g weiche Butter
100 g Frischkäse, Doppelrahmstufe
2 Knoblauchzehen
2 Eier
Butter für die Form
30 g frisch geriebener Parmesan

Die Zwiebel abziehen und würfeln. Die Tomaten überbrühen, häuten, entkernen und hacken. Das Öl in einem weiten Topf oder in einer Pfanne erhitzen. Das Hackfleisch darin etwa 10 Minuten krümelig anbraten. Die Zwiebel zufügen, einige Minuten später die Tomaten und dann nochmals 5 Minuten schmoren lassen. ¼ Liter Wasser angießen und mit Salz, Pfeffer, Paprikapulver, Chilipulver und Oregano gut würzen. Das Lorbeerblatt zufügen und das Ganze 20 bis 30 Minuten bei mäßiger Temperatur kochen lassen.
Die Kartoffeln waschen, in der Schale in etwa 30 Minuten gar kochen, pellen und durchpressen. Mit der weichen Butter und dem Käse verrühren. Den Knoblauch abziehen und pressen. Die Eier trennen. Das Eigelb sowie den Knoblauch unterrühren und salzen. Den Backofen auf 200 °C vorheizen.
Eine feuerfeste Auflaufform mit Butter ausstreichen. Das Fleisch nochmals abschmecken und in die Form geben.
Das Eiweiß mit etwas Salz steif schlagen, unter die Kartoffelmasse ziehen und auf das Hackfleisch streichen. Den Auflauf mit dem Parmesan bestreuen und für 20–25 Minuten in den Backofen stellen. Mit einem frischen Blattsalat servieren.

Unter Hackfleisch versteht man mehr oder weniger fein zerkleinertes, rohes Fleisch, gewöhnlich in der Zusammensetzung halb Rind, halb Schwein. Salz und Gewürze werden erst bei der Zubereitung hinzugefügt. Bei Lamm empfiehlt sich die Zugabe von frischen Kräutern wie Rosmarin und Minze.

Wildragout im Nudelbett

Für den geriebenen Teig:
etwa 150 g Mehl
1 Ei
1 Eigelb
Salz

Zum Garen des geriebenen Teigs:
¾–1 Liter Milch
Salz
weißer Pfeffer
abgeriebene Muskatnuss

1 Bund glatte Petersilie
3–4 Eier

Für das Wildragout:
5 g getrocknete Steinpilze
300 g Wildbret ohne Knochen
60 g durchwachsener geräucherter Bauchspeck
1 Mohrrübe
1 Petersilienwurzel
1 Stück Sellerieknolle
1 EL Öl
1 EL Tomatenmark
⅛–¼ Liter trockener Rotwein
1 Lorbeerblatt
1–2 Thymianzweige
3 Wacholderbeeren im Mullbeutel
Salz
Pfeffer
2 Msp. Piment
evtl. 1 EL Mehl und 1 EL Butter
2 EL Madeira
Butter für die Form

Das Mehl auf die Arbeitsfläche sieben. In die Mitte eine Vertiefung drücken und Ei sowie Eigelb hineingeben, salzen und alles zu einem Teig verarbeiten. Eventuell etwas kaltes Wasser zufügen. Der Teig sollte sehr fest sein. In Klarsichtfolie packen und für etwa 1 Stunde in den Gefrierschrank oder in das Gefrierfach legen. Der Teig lässt sich dann mühelos auf der groben Reibe abreiben.

¾ Liter Milch zum Kochen bringen, salzen und den geriebenen Teig hineingeben. Bei niedriger Temperatur und häufigem Umrühren etwa ½ Stunde kochen lassen, bis sich der Nudeln mit der Milch voll gesaugt haben. Eventuell die restliche Milch noch nachgießen. Mit Salz, Pfeffer und Muskatnuss gut abschmecken und vom Herd nehmen.

Die Petersilie waschen, trockentupfen, die Blättchen von den Stielen zupfen und hacken. Die Eier trennen. Das Eigelb und die Petersilie unter die etwas erkalteten Milchnudeln rühren.

Für das Wildragout die Pilze mit Wasser abspülen, in ⅛ Liter warmem Wasser ½ Stunde einweichen und dann klein schneiden. Das Wildbret in mundgerechte Stücke schneiden.

Den Speck würfeln. Das Gemüse waschen, putzen und klein schneiden. Den Speck mit dem Öl in einem weiten Topf ausbraten und mit dem Schaumlöffel herausnehmen. In dem Fett das Wildbret von allen Seiten gut anbraten. Gemüse, Tomatenmark und Pilze samt Einweichwasser zufügen. Den Rotwein angießen. Lorbeerblatt, Thymianzweige und Wacholderbeeren hineingeben. Mit Salz, Pfeffer und Piment würzen. Abgedeckt bei mäßiger Hitze etwa 50 Minuten kochen lassen. Lorbeerblatt, Thymianzweig und Wacholderbeeren entfernen und die Sauce eventuell mit Mehlbutter binden. Dazu das Mehl mit der Butter verkneten und hineinrühren. 2–3 Minuten kochen lassen. Mit Salz, Pfeffer, Piment und Madeira abschmecken. Den Backofen auf 180–190 °C vorheizen. Eine Souffléform oder Auflaufform mit Butter ausstreichen.

Das noch vorhandene Eiweiß mit Salz steif schlagen und unter die Nudeln ziehen. Diese in die Souffléform füllen, in die Mitte eine Vertiefung drücken, das Wildragout hineingeben und mit der Nudelmasse abdecken.

Für etwa 40 Minuten in den Backofen geben.

Sauerkraut-Auflauf mit Kasseler

500–600 g Kartoffeln
1 Zwiebel
350–400 g roher, geräucherter Kasseler-Kamm
350–400 g Sauerkraut
2 EL Olivenöl
1 EL Butter
¼–⅜ Liter Apfelsaft
2–3 Wacholderbeeren
Butter für die Form
2 Eier
200 g Crème fraîche
¼ Liter süße Sahne
Salz
frisch gemahlener schwarzer Pfeffer
1 Msp. Paprikapulver, edelsüß

Die Kartoffeln waschen und in der Schale in 30–35 Minuten weich kochen. Etwas auskühlen lassen, pellen und in Scheiben schneiden. Die Zwiebel abziehen und würfeln. Das Kasseler in mundgerechte Stücke schneiden. Das Sauerkraut etwas klein zupfen.

Das Olivenöl in einem weiten Topf erhitzen. Die Butter zufügen und die Zwiebel darin andünsten. Das Sauerkraut zufügen, 2–3 Minuten dünsten und mit ¼ Liter Apfelsaft ablöschen. Die Wacholderbeeren zufügen. Abgedeckt 10 Minuten garen lassen. Bei Bedarf noch etwas Apfelsaft nachgießen, die Flüssigkeit sollte zum größten Teil verdunstet sein. Den Backofen auf 180 °C vorheizen.

Eine feuerfeste Auflaufform mit Butter ausstreichen. Die Eier trennen. Eigelb, Crème fraîche und Sahne verrühren, mit Salz, Pfeffer und Paprikapulver würzen. Das Eiweiß mit etwas Salz steif schlagen und unterziehen. Die Kartoffeln mit Sauerkraut und Kasseler gefällig einschichten und mit der Eiersahne übergießen. Für etwa 20 Minuten in den Backofen stellen, bis alles eine goldgelbe Farbe angenommen hat.

Es wird zwar immer wieder behauptet, Sauerkraut sei ein typisch deutsches Gemüse, doch der Blick in fremde Küchen – wie etwa die französische oder die russische – zeigt, dass auch andere den Wert des ebenso gesunden wie schmackhaften Gemüses erkannt haben. Seine Erfindung verdankt es wie so vieles andere der Notwendigkeit, Gemüse, insbesondere den Kohl, für die lange Winterzeit haltbar zu machen.

Es empfiehlt sich, das Kraut vor der Zubereitung nicht zu waschen, um die wertvollen Inhaltsstoffe, die durch die Aktivitäten der Milchsäurebakterien entstanden sind, zu erhalten.

Schinken-Champignon-Soufflé

1 Zwiebel
nach Belieben
1 Knoblauchzehe
350 g Champignons
200 g luftgetrockneter roher Schinken
1 Bund glatte Petersilie
2 EL Olivenöl
30 g Butter
Salz
frisch gemahlener schwarzer Pfeffer
25 g Mehl
60 ml trockener Weißwein
⅛ Liter Milch
Butter für die Teller
3 Eier und zusätzlich
1 Eiweiß
⅛ Liter süße Sahne

Die Zwiebel und die Knoblauchzehe abziehen. Die Zwiebel würfeln und die Knoblauchzehe zerdrücken. Die Champignons putzen und in Scheiben schneiden. Den Schinken in feine Streifen schneiden. Die Petersilie waschen, trockentupfen, die Blättchen von den Stielen zupfen und hacken.
Das Öl in einem weiten Topf erhitzen. Die Butter zufügen. Die Zwiebel darin einige Minuten andünsten. Knoblauch und Champignons zufügen, salzen und pfeffern und weitere 3 Minuten dünsten. Mit dem Mehl überstäuben, kurz durchschwitzen lassen und mit dem Wein und der Milch ablöschen. Nach 3–4 Minuten vom Herd nehmen.

Den Schinken unterrühren.
Den Backofen auf 190–200 °C vorheizen.
4 feuerfeste Teller mit Butter ausstreichen. Die Eier trennen. Das Eiweiß mit Salz steif schlagen. Die Eigelbe mit der Sahne verrühren und zur Schinken-Champignon-Mischung geben. Die Petersilie mit dem Eiweiß unterheben. Für 12–15 Minuten in den Backofen stellen.

Sollten Champignons einmal nicht verfügbar sein, kann man auch auf Pfifferlinge oder Austernpilze zurückgreifen. Das Aroma erfährt dadurch eine Veränderung um eine feine Nuance, jedoch nicht zum Schaden des Soufflés.

Lamm-Kartoffel-Auflauf

600 g Kartoffeln
Salz
etwa 100 ml Milch
etwa 100 ml süße Sahne
abgeriebene Muskatnuss
2 Knoblauchzehen

3 Mohrrüben
frisch gemahlener Pfeffer
½ TL Zucker
100 g frische oder tiefgekühlte grüne Erbsen

600 g mageres Lammfleisch
1 Zwiebel
3 EL Öl
1 EL Butter
2 EL Tomatenpüree
¼ Liter Rinderbrühe
¼ Liter Rotwein
3 EL süße Sahne
1 EL Mehl
Butter für die Form
100 g frisch geriebener Parmesan
4 TL Butterflöckchen

Die Kartoffeln waschen, schälen, in Salzwasser gar kochen, abdämpfen und durch die Presse drücken. Mit heißer Milch und Sahne gut verrühren und mit Salz und Muskatnuss würzen. Den Knoblauch abziehen, zerdrücken und ebenfalls unterrühren.
Die Mohrrüben schälen und in wenig Wasser mit Salz, Pfeffer und Zucker bissfest kochen. Die Erbsen gesondert kurz kochen. Das Lammfleisch in kleine, mundgerechte Stücke schneiden. Die Zwiebel abziehen und würfeln.
Das Öl in einem weiten Topf erhitzen. Die Butter zufügen und das Lammfleisch von allen Seiten anbraten. Die Zwiebel zufügen und einige Minuten weiterbraten. Das Tomatenpüree zufügen, mit der Hälfte Rinderbrühe und Wein ablöschen. Die restliche Rinderbrühe sowie die Sahne mit dem Mehl verrühren und zufügen, salzen und pfeffern. 35–40 Minuten bei mäßiger Temperatur köcheln lassen. Den restlichen Wein nach der Hälfte der Garzeit – oder wenn nicht mehr genügend Flüssigkeit vorhanden ist – nachgießen. Den Backofen auf 180 °C vorheizen. Eine feuerfeste Auflaufform oder 4 kleine Portionsförmchen mit Butter ausstreichen. Das Lammfleisch mit Sauce hineingeben, ebenso die Mohrrüben und Erbsen. Das Kartoffelpüree mit drei Vierteln des Parmesans vermischen und auf das Lammfleisch geben. Mit dem restlichen Parmesan bestreuen und mit Butterflöckchen belegen. Für etwa 30 Minuten in den Backofen stellen.

Das Schaf hat einen Stammbaum, der weit in die Vergangenheit zurückreicht. Erste Zeugnisse einer Domestizierung sind uns aus dem Nahen Osten bekannt. Es waren langhaarige Mufflons, die nicht nur wegen ihrer Wolle gehalten wurden. Nachfahren dieser Urform finden wir heute noch in der Mittelmeerregion. Das Fleisch von der Heidschnucke, einer alten genügsamen Wildschafrasse, schmeckt besonders aromatisch, etwa wie Wild. Besonders zart ist das Fleisch von Jungtieren, die noch kein Jahr alt sind.

Lamm unter der Mandelkruste

200 g getrocknete Aprikosen
300 ml Hühner- oder Lammfleischbrühe
40 g Rosinen
2 EL Orangenblütenwasser aus der Apotheke
800 g Lammfleisch
2 Zwiebeln
4 frische Aprikosen
1 Stück frischer Ingwer von etwa 2 cm oder ¼ TL gemahlener Ingwer
4 EL Olivenöl
Salz
frisch gemahlener schwarzer Pfeffer
½ TL gemahlener Zimt
½ TL gemahlener Koriander
½ TL gemahlener Kreuzkümmel

2 Eier
6 EL süße Sahne
70 g gemahlene Mandeln

Die getrockneten Aprikosen in der Brühe einweichen. Die Rosinen mit dem Orangenblütenwasser benetzen.
Das Lammfleisch in mundgerechte Stücke schneiden. Die Zwiebeln abziehen und würfeln. Die frischen Aprikosen waschen, entsteinen und pürieren. Den Ingwer schälen und in winzige Stücke schneiden.
Das Olivenöl in einem weiten Topf erhitzen. Das Fleisch darin von allen Seiten anbraten. Die Zwiebeln nach etwa 10 Minuten zufügen, 5 weitere Minuten braten. Die eingeweichten trockenen Aprikosen halbieren und samt Brühe zufügen. Ebenso die frischen pürierten Aprikosen. Mit Salz, Pfeffer, Zimt, Koriander und Kreuzkümmel würzen. Den Ingwer und die in Orangenblütenwasser eingeweichten Rosinen hineingeben. Abgedeckt bei mäßiger Temperatur 35 Minuten köcheln lassen. Eventuell noch etwas Brühe nachgießen. Die Flüssigkeit sollte am Ende der Garzeit bis auf einen kleinen Rest verkocht sein. Den Backofen auf 175 °C vorheizen.
Die Eier trennen. Eigelb und Sahne verrühren. Die Mandeln unterziehen. Das Fleisch mit den Früchten in eine feuerfeste Auflaufform geben. Mit der Mandelmasse abdecken und für 20–25 Minuten in den Backofen geben, bis die Oberfläche goldgelb ist.

Die ursprüngliche Heimat der Aprikose ist China. Alexander der Große brachte sie von seinen asiatischen Kriegszügen mit in seine Heimat. Heute werden Aprikosen im ganzen Mittelmeerraum angebaut. Aprikosen kommen nur am Baum zur Vollreife – weich und saftig. Für den Versand werden sie daher kurz vorher gepflückt, bleiben dann jedoch häufig etwas mehlig. Beim Kauf sollte man darauf achten, dass sich die gelbe oder rötliche Haut der Früchte glatt und straff anfühlt.
Aprikosen sollten schnell verbraucht werden, da sie nicht nachreifen, sondern durch das Lagern austrocknen und an Aroma verlieren.

Ingwer

Gratinierte Hühnerbrustfilets

½ Bund glatte Petersilie
1 Zwiebel
200 g Champignons
70 g Butter
Salz
frisch gemahlener weißer Pfeffer
1 TL Zitronensaft
25 g Mehl
¼ Liter Geflügelbrühe
¼ Liter süße Sahne
Butter für die Form
2 EL gemahlene Mandeln
2 EL Semmelbrösel
4 Hühner- oder Hähnchenbrustfilets
2 EL geriebener Parmesan, Pecorino oder Provolone

Die Petersilie waschen, trockentupfen, die Blättchen von den Stielen zupfen und hacken. Die Zwiebel abziehen und fein schneiden. Die Champignons putzen, in Scheiben schneiden und fein hacken.
Die Hälfte der Butter in einem weiten Topf erhitzen. Die Zwiebel darin andünsten. Die Champignons zufügen, salzen und so lange garen, bis die Flüssigkeit verdampft ist. Mit Pfeffer und Zitronensaft würzen.
Die restliche Butter in einem weiten Topf erhitzen. Das Mehl einstreuen und durchschwitzen lassen. Mit der Geflügelbrühe ablöschen und unter Rühren durchkochen. Die Sahne zufügen und weitere 3–4 Minuten bei mäßiger Temperatur kochen lassen. Vom Herd nehmen. Die Champignons und die Petersilie zufügen. Den Backofen auf 185–190 °C vorheizen.
Eine feuerfeste Auflaufform mit der Butter ausstreichen. Mandeln und Semmelbrösel in einer trockenen Pfanne kurz rösten, sie sollten nur goldgelb werden. Die Hühner- oder Hähnchenbrustfilets in die Auflaufform geben. Die Sauce darauf verteilen. Zum Schluss die gerösteten Mandeln und die Semmelbrösel mit dem Käse mischen und darüber geben. Für etwa 25 Minuten in den Backofen stellen.

Die Zeit, in der die Hühnerbrustfilets im Backofen garen, kann dazu genutzt werden, eine Beilage aus Kartoffeln beziehungsweise Reis zuzubereiten. Auch Nudeln passen gut zu diesem Gericht.

Geflügel-Nudel-Auflauf

Salz
3 EL Olivenöl
300 g Muschel- oder Hörnchennudeln
½–1 Bund glatte Petersilie
1 Stück frischer Ingwer von etwa 3 cm
1 Zwiebel
nach Belieben
1 Knoblauchzehe
400 g Geflügelfleisch ohne Knochen (Hähnchenbrust oder Putenfleisch)
200 g Mozzarella
30 g Butter
50 g gemahlene Haselnüsse
1 EL Mehl
¼ Liter Hühnerbrühe
¼ Liter Milch
frisch gemahlener weißer Pfeffer
1–2 Msp. Currypulver
Butter für die Form
2 Eier
1–2 EL Crème fraîche

Wasser zum Kochen bringen. Salz, 1 Esslöffel Öl und die Nudeln hineingeben und diese bissfest kochen, abgießen und abschrecken.
Die Petersilie waschen, trockentupfen, die Blättchen von den Stielen zupfen und hacken. Den Ingwer schälen und sehr fein schneiden. Die Zwiebel und die Knoblauchzehe abziehen. Die Zwiebel würfeln und die Knoblauchzehe zerdrücken. Das Fleisch und den Mozzarella getrennt würfeln.
Das restliche Öl in einer weiten Pfanne erhitzen, die Butter zufügen. Die Zwiebel einige Minuten darin andünsten. Die Haselnüsse zufügen und durchschwitzen lassen. Mit dem Mehl überstäuben und mit der Brühe und der Milch ablöschen.
Nach dem Aufkochen gut mit Salz, Pfeffer und weniger Curry würzen. Die Geflügelstücke je nach Sorte für 5 oder 10 Minuten hineingeben, dann vom Herd nehmen. Den Backofen auf 190 °C vorheizen.
Eine feuerfeste Auflaufform mit Butter ausstreichen. Die Eier mit Crème fraîche verrühren und mit Nudeln, Mozzarella, Fleischsauce und Petersilie vermischen. Gut abschmecken und in die Auflaufform geben. Für etwa 15 Minuten in den Backofen stellen. Mit einem frischen Blattsalat servieren.

Nudeln sind der ideale Partner vieler vortrefflicher Gerichte und auch für Aufläufe hervorragend geeignet. Sie vertragen sich mit Fisch, Fleisch, Gemüse und natürlich auch mit Geflügel. Es gibt sie in allen erdenklichen Formen und auch aus verschiedenen Zutaten. – Nudelreste vom Vortag sind eine willkommene Reserve für den nächsten und sie lassen sich ohne Geschmacksverlust auf vielerlei Art weiterverwenden.

Süsses aus dem Backofen

Mit weisser Schokolade und Ingwer

FRÜCHTE UNTER WEISSER SCHOKOLADE
2 Bananen
2 Äpfel
2 Birnen
4 EL süße Sahne
80 g weiße Schokolade
50 g Butter
2 Eier
60 g Zucker
40 g Mehl
Butter für die Form

INGWER-GEBÄCK
1 kleines Stück eingelegter Ingwer aus dem Glas, etwa 2 cm
125 g Butter
50 g feinkörniger Zucker
2–3 Msp. Vanille
2–3 Msp. Ingwerpulver
125 g Mehl
50 g Stärkemehl
Butter für das Blech

FRÜCHTE UNTER WEISSER SCHOKOLADE
Die Bananen schälen und in Scheiben schneiden. Die Äpfel und Birnen schälen, vom Kerngehäuse befreien und in Scheiben schneiden.
Die Sahne und die weiße Schokolade in einen Topf geben und unter Rühren bei mäßiger Temperatur schmelzen lassen, vom Herd nehmen. Die Butter ebenfalls schmelzen lassen, eventuell in der Mikrowelle.
Eier und Zucker mit dem Schneebesen des Handrührers cremiggelb aufschlagen. Die Butter und die Schokolade zufügen. Das Mehl darunter ziehen. Den Backofen auf 200 °C vorheizen.
Eine feuerfeste Tarteform mit Butter ausstreichen. Die Früchte gefällig darin anordnen und den Schokoladenteig darüber gießen. Für 35–40 Minuten in den Backofen geben, bis der Auflauf goldgelb ist.
Nach Belieben Ingwer-Gebäck dazu reichen, entweder ein fertig gekauftes oder ein selbst hergestelltes.

INGWER-GEBÄCK
Den Ingwer in winzige Stücke schneiden. Butter, Zucker, Vanille und Ingwerpulver schaumig rühren. Die Ingwerstücke zugeben. Das Mehl mit dem Stärkemehl vermischen und unterrühren.
Den Backofen auf 180 °C vorheizen und 1 oder 2 Bleche einfetten.
Den Teig zu kleinen Kugeln formen. Auf das Blech geben, etwas flach drücken und mit Hilfe eines Messerrückens mit einem Muster versehen. Für etwa 10 Minuten in den Backofen geben.

Ingwer, die Wurzelknolle der Gewürzlilie, wird seit mehr als 3000 Jahren in den Tropen Südostasiens kultiviert. Heute wächst er in allen tropischen Regionen.
Frische Knollen können verpackt oder abgedeckt im Gemüsefach des Kühlschranks mehrere Wochen gelagert werden.
Getrockneter Ingwer und Ingwerpulver sollten fest verschlossen, kühl und dunkel aufbewahrt werden.

Rhabarber-Reis-Auflauf

Für den Rhabarber:
400 g Rhabarber
50–60 g Zucker
100 ml erwärmter Rotwein

Für den Reis:
⅜ Liter Milch
20 g Butter
1 Msp. Salz
125 g Rundkornreis
Butter für die Form
2 Eier
30 g Zucker
3 Msp. Vanille
½ TL abgeriebene unbehandelte Zitronenschale

Für die Schneehaube:
1 Msp. Salz
25 g Zucker
2–3 Msp. Vanille
2 EL gemahlene Mandeln

Den Rhabarber waschen, abziehen und in 3–4 Zentimeter große Stücke schneiden. Den Zucker in einen weiten Topf streuen und unter Rühren goldgelb oder leicht braun werden lassen. 5 Esslöffel heißes Wasser zugießen, rühren und dann den erwärmten Rotwein zugeben. Den Rhabarber hineingeben und abgedeckt bei mäßiger Temperatur etwa 10 Minuten kochen lassen.
Währenddessen die Milch mit der Butter zum Kochen bringen, salzen und den Reis einstreuen. Einmal durchheben und abgedeckt bei mäßiger Temperatur etwa 20 Minuten kochen lassen. Der Reis sollte noch Biss haben. Eine feuerfeste Auflaufform mit Butter ausstreichen und den Backofen auf 180 °C vorheizen. Die Eier trennen. Eigelb mit Zucker, Vanille und Zitronenschale schaumig rühren und unter den etwas abgekühlten Reis ziehen.
Für die Schneehaube das Eiweiß mit Salz, Zucker und Vanille steif schlagen. Die Mandeln unterziehen. Den Reis in die Auflaufform geben, dann den Rhabarber. Die Eischneemasse darüber streichen. Mit dem Löffel oder Teigschaber der Oberfläche Struktur verleihen. Für 15 Minuten in den Backofen stellen. Für weitere 2–3 Minuten den Grill dazuschalten, damit die Oberfläche goldgelb wird.
Sollte kein Grill vorhanden sein, so genügt es auch, wenn die Oberhitze auf 220 °C erhöht wird. Das dauert dann ein wenig länger.

Tipps und Tricks für den Umgang mit Rhabarber:
– Die Säure des Rhabarbers kann gemildert werden, wenn er sofort nach dem Waschen und Schneiden mit Zucker bestreut einige Zeit beiseite gestellt wird.
– Die rotstieligen und rotfleischigen Stängel enthalten weniger Säure.
– Rhabarber niemals in Aluminiumtöpfen garen, weil die Säure sowohl den Topf als auch den Inhalt verfärbt.
– Rhabarber, in ein feuchtes Tuch eingeschlagen, lässt sich an einem kühlen Ort einige Tage lagern.

Brot-Auflauf mit Trockenfrüchten

½ Zitrone
100 g Trockenfrüchte, vorzugsweise eine tropische Mischung
100 g Stangenweißbrot oder Zwieback
2 EL Butter
75 g brauner Zucker
1 EL Honig, vorzugsweise Lavendel- oder Kleehonig
½ TL gemahlener Zimt
1 Msp. Nelkenpulver
¼ Liter Milch
2 Eier
3 EL Crème fraîche
2 TL Pfeilwurzelstärke (aus dem Reformhaus)
2 Msp. Vanille

Für die Weinschaumsauce:
2 Eigelb
50 g Zucker
1 Msp. Vanille
1 TL Speisestärke
200 ml Weißwein, vorzugsweise Riesling
1 TL abgeriebene unbehandelte Zitronenschale

Die Zitrone auspressen. Die Trockenfrüchte mit dem Zitronensaft und ⅛ Liter Wasser übergießen. Sie sollten darin einige Zeit weichen.
Das Brot in Scheiben schneiden. Eine feuerfeste Auflaufform mit 1 Esslöffel Butter ausstreichen und das Brot oder den Zwieback hineingeben. 60 Gramm Zucker, Honig, Butter, Zimt und Nelken in einen Topf geben und kurz aufkochen lassen. Sofort vom Herd nehmen und Brot oder Zwieback damit übergießen. Die Trockenfrüchte samt Zitronenwasser ebenfalls in die Auflaufform geben. Den Backofen auf 200 °C vorheizen.
Milch, Eier, Crème fraîche, Pfeilwurzelstärke sowie Vanille verrühren und über die Früchte gießen. Den Auflauf mit dem restlichen braunen Zucker bestreuen und für 15–20 Minuten in den Backofen stellen.
Für die Weinschaumsauce Eigelb mit Zucker, Vanille, Speisestärke, Weißwein und Zitronenschale verrühren. Im Wasserbad aufschlagen, bis die Sauce aufsteigt. Sofort vom Herd nehmen und zum Brotauflauf servieren.

Schon in vorgeschichtlicher Zeit war das Trocknen von Früchten eine bekannte Methode, um sie für längere Zeit haltbar zu machen. Durch den Trocknungsprozess wird ein Großteil des Wassers entzogen, gleichzeitig konzentrieren sich der Fruchtzucker sowie das Aroma. Das kommt bei diesem Brotauflauf voll zur Geltung.

Schokolade-Mandel-Soufflé

Butter und Zucker für die Förmchen
100 g Schokolade
4 EL süße Sahne
4 Eier
2–3 EL Zucker je nach Süße der Schokolade
1–2 Msp. Vanille
1 EL Mehl
3 EL gemahlene Mandeln
1 Msp. Salz
nach Belieben 8 Rispen Johannisbeeren

VANILLESAUCE
1 Vanilleschote
½ Liter Milch
etwa 40 g Zucker
25 g Speisestärke
1 Eigelb
nach Belieben 75 ml süße Sahne

4 bis 6 Souffléförmchen mit der Butter ausstreichen, gut mit Zucker ausstreuen und in den Kühlschrank stellen.
Die Schokolade mit der Sahne in einen Topf geben, erhitzen und unter Rühren schmelzen lassen. Sofort vom Herd nehmen. Den Backofen auf 175 °C vorheizen.
Die Eier trennen. Eigelb, Zucker, Vanille und Mehl schaumig rühren. Die etwas abgekühlte Schokolade und die gemahlenen Mandeln zufügen. Ebenso ein ungeschlagenes Eiweiß. Das restliche Eiweiß mit Salz steif schlagen und unter die Masse ziehen. Die Förmchen zu zwei Dritteln damit füllen und für etwa 25 Minuten in den Backofen geben. Das Soufflé vorsichtig am Rand mit einem Messer lockern und stürzen.
Mit Vanille-Sauce servieren. Diese kann zuvor als Spiegel auf den Teller gegossen werden. Mit kleinen, abgestreiften Johannisbeeren garnieren.

VANILLESAUCE
Die Vanilleschote der Länge nach aufschneiden, das Mark herauskratzen. Die Milch – bis auf einen kleinen Rest zum Anrühren der Speisestärke – mit Vanilleschote, Vanillemark und Zucker aufkochen. Die restliche kalte Milch mit der Speisestärke verrühren und in die kochende Milch gießen. Kurz erneut aufkochen lassen und vom Herd nehmen.
Das Eigelb mit etwas Sauce verquirlen und in die Sauce geben. Abkühlen lassen und dabei öfters rühren, damit sich keine Haut bildet.
Wer mag, zieht unter die kalte Sauce zum Schluss noch etwas halb steif geschlagene Sahne.

Griess-Auflauf mit Mirabellen

600–700 g Mirabellen
etwa 60 g Zucker
nach Belieben 4–5 EL Mirabellenlikör
gut ½ Liter Milch
120 g Hartweizengrieß
25 g Butter
Butter für die Form
1 Ei
1 Msp. Salz

Für den Belag:
30 g Zucker
40 g gemahlene Haselnüsse
30 g Butterflöckchen

Die Mirabellen waschen, halbieren und entsteinen. Mit Zucker bestreuen und abgedeckt gekühlt über Nacht stehen lassen. Am nächsten Tag mit Mirabellenlikör aromatisieren.
Die Milch zum Kochen bringen und den Grieß einstreuen. Bei mäßiger Temperatur unter Rühren 5 Minuten kochen lassen. Die Butter zufügen und den Topf vom Herd nehmen. Den Backofen auf 210 °C vorheizen.
Eine feuerfeste Auflaufform mit Butter ausstreichen. Das Ei trennen. Das Eigelb in den Grießbrei rühren. Das Eiweiß mit dem Salz steif schlagen und unterziehen. Die Aprikosen samt gebildetem Fruchtsaft zufügen und in die Form geben. Die Oberfläche mit Zucker und Haselnüssen bestreuen und mit Butterflöckchen belegen. Für etwa 40 Minuten auf die obere Schiene des Backofens stellen. Die Kruste sollte goldgelb werden.

Die kleine, runde Mirabelle ist eine wilde Pflaumenart, die besonders in Lothringen in großen Mengen geerntet wird. Bereits im Sommer reifen die gelben Früchte mit ihren leuchtend roten Bäckchen. Mirabellen kann man zwar roh essen, doch noch besser schmecken sie gebacken in einem Kuchen oder einem Auflauf, in Konfitüren oder trinkbar – im Mirabellenschnaps. In Metz findet Ende August/Anfang September jeden Jahres das große Mirabellenfest statt. Als Andenken nimmt man eine schlanke Flasche mit veredelten Ernten früherer Jahre mit nach Hause: je älter, desto weicher und verführerischer.

APRIKOSEN – SAMTWEICH UND FRUCHTIG

APRIKOSEN-QUARK-AUFLAUF
1 kg reife Aprikosen
½ unbehandelte Zitrone
3 Eier
4 Löffelbiskuits
90 g weiche Butter
150 g Zucker
3–4 TL Vanillezucker
250 g Quark,
20 % Fettgehalt
2 EL Speisestärke
1 TL Backpulver
3 EL gemahlene Haselnüsse
Salz

APRIKOSEN-FLAN
Für 4–6 Personen

8–9 Aprikosen, etwa 400 g
110 g Zucker
2–3 Msp. Vanille
3 Eigelb
70 ml Marsala
5 EL gemahlene Mandeln
⅛ Liter süße Sahne

APRIKOSEN-QUARK-AUFLAUF (unten)
Die Aprikosen waschen, danach in ein Sieb geben und in kochend heißes, dann kurz in kaltes Wasser tauchen, herausnehmen und die Haut abziehen. Die Früchte halbieren und entsteinen. Je nach Größe eventuell noch einmal durchschneiden. Die Schale der Zitrone abreiben und den Saft auspressen. Die Eier trennen. Die Löffelbiskuits zerdrücken.
Eine Auflaufform mit Butter ausstreichen und den Backofen auf 200 °C vorheizen. 60 g weiche Butter mit Zucker, Vanillezucker und Eigelb schaumig rühren. Quark, Zitronensaft sowie Schale zufügen. Speisestärke und Backpulver mischen und mit den Haselnüssen und den Löffelbiskuitbröseln zugeben.
Das Eiweiß mit etwas Salz steif schlagen und unterziehen. Die Aprikosen in die Form legen, die Quarkmasse darauf streichen.
Die restliche Butter als Flöckchen darauf verteilen. Für etwa 35 Minuten in den Backofen geben.

APRIKOSEN-FLAN (oben)
Die Aprikosen waschen, entsteinen und mit dem Schneidstab des Handrührers oder im Mixer pürieren.
Zucker, Vanille und Eigelb schaumig rühren. Den Marsala zufügen und kurz weiterschlagen. Den Backofen auf 160 °C vorheizen. Aprikosen-Püree, Zucker-Eicreme und Mandeln vermischen.
In 4–5 weiße Tassen, die besonders schön aussehen, oder in Becherformen füllen. Eine Form oder die Fettpfanne des Backofens mit warmem Wasser füllen. Die Tassen oder Becherformen hineinsetzen und im Wasserbad im Backofen etwa 40 Minuten garen. Herausnehmen und abkühlen lassen, dann in den Kühlschrank stellen.
Die Sahne steif schlagen und den Flan mit einer Rosette verzieren. Gut gekühlt in den Tassen oder Förmchen servieren.

Die fruchtigen, gesunden Aprikosen – sie liefern Beta-Carotin, Vitamin A sowie viele Mineralstoffe, besonders Eisen und Kalium – werden vom Handel Ende Mai bis August angeboten. In der übrigen Zeit sind getrocknete Aprikosen auch nicht zu verachten.

Himbeer-Gratin
Waldbeeren-Gratin

HIMBEER-GRATIN
400 g Himbeeren
2–3 Eier
1 Msp. Salz
100 g weiche Butter
80 g Zucker
2–3 Msp. Vanille
½ TL unbehandelte abgeriebene Zitronenschale
150 g gemahlene Mandeln
Butter für die Form

Tipp:
Nach Belieben können die Himbeeren mit etwas Himbeergeist aromatisiert werden, dann ist das Gratin allerdings nicht mehr für Kinder geeignet.

WALDBEEREN-GRATIN
500 g Beeren wie Brombeeren oder Heidelbeeren
2–3 Eigelb
75 g Zucker
2–3 TL Vanillezucker
100 g Crème fraîche
2 TL Speisestärke
nach Belieben Brombeer- oder Heidelbeerlikör

HIMBEER-GRATIN (oben)
Die Himbeeren vorsichtig waschen und trockentupfen.
Die Eier trennen. Das Eiweiß mit dem Salz steif schlagen. Die weiche Butter mit Zucker, Vanille und Zitronenschale schaumig rühren. Das Eigelb und die Mandeln zufügen und verrühren.
Den Backofen auf 180 °C vorheizen.
4 feuerfeste Portionsteller oder eine Auflaufform mit Butter ausstreichen. Die Himbeeren hineingeben und mit der Mandelmasse abdecken. Für etwa 20–25 Minuten in den Backofen stellen.

Wilde Himbeeren brauchten noch nie empfohlen zu werden. Mit ihrem satten Rot und dem köstlichen Geschmack waren sie zu allen Zeiten eine beliebte Frucht zum Sofortessen oder zum Sammeln, um dann zu Hause weiterverarbeitet zu werden. Sie kommen in der Wildnis bei etwas kühlem, feuchten Klima so üppig vor, dass lange keine Notwendigkeit bestand, sie zu züchten. Erst im Mittelalter begann ihre Kultivierung. Heute werden von Juni bis September die süßen Beeren in verschiedenen Sorten und köstlichem Aroma angeboten.

WALDBEEREN-GRATIN (unten)
Die Beerenfrüchte waschen und trockentupfen. Den Backofen auf 200 °C vorheizen.
Eigelb, Zucker und Vanillezucker schaumig rühren. Crème fraîche, Speisestärke sowie Likör zufügen. Die Früchte auf 4 ofenfeste Teller oder Schälchen verteilen, die Eimasse darüber gießen und etwa 20 Minuten im Ofen belassen. In den letzten 3 Minuten den Grill dazuschalten, bis die Oberfläche goldgelb ist.

Aus allen Beeren, wild oder im Garten gezogen, lassen sich köstliche Desserts bereiten. Besonders Heidel-, Blau-, Schwarz- oder Bickbeeren – ihre Bezeichnung ist je nach Region verschieden – besitzen einen süßen Wildfruchtgeschmack. Die besten Heidelbeeren sind die selbst gepflückten. Übrigens, ungewaschen können sie bis zu einer Woche im Gemüsefach des Kühlschranks aufbewahrt werden.

Rhabarber-Auflauf mit Zimt-Baisers

RHABARBER-AUFLAUF
800–1000 g Rhabarber
⅛ Liter Weißwein
etwa 90 g Zucker
1 Vanilleschote
60 g Butter
2 Eier
100 g Puderzucker
40 g Mehl
20 g Speisestärke
etwa 5 EL Eierlikör
Butter für die Form
Puderzucker zum Bestreuen

ZIMT-BAISERS
2 Eiweiß
1 sehr kleine Msp. Salz
80 g Zucker
1 Msp. Vanille
½ TL Essig
½ TL Zimtpulver
kleine Oblaten

RHABARBER-AUFLAUF

Den Rhabarber waschen, putzen und schräg in Stücke von etwa 4 Zentimeter schneiden. Die Rhabarberstücke mit Weißwein und Zucker in einen Topf geben. Die Vanilleschote längs aufschneiden und das Mark auskratzen. Schote und Mark zum Rhabarber geben, alles etwa 5 Minuten bei mäßiger Temperatur kochen lassen und vom Herd nehmen. Der Rhabarber sollte nicht zerfallen. Den Backofen auf 200 °C vorheizen.

Die Butter in einem Topf schmelzen lassen. Die Eier mit dem Puderzucker in einer Schüssel verrühren, bis die Masse cremig ist. Die flüssige Butter zufügen. Mehl und Speisestärke mischen, darüber sieben und unterziehen. Den erkalteten Saft vom Rhabarber zufügen. Mit dem Eierlikör abschmecken.

Eine feuerfeste Auflaufform mit Butter ausstreichen, den Rhabarber einfüllen und mit dem Teig begießen. Etwa 40 Minuten backen, bis der Auflauf goldgelb ist.

Mit Puderzucker bestreut warm oder kalt servieren.

Wer möchte, kann Zimt-Baisers dazu reichen.

ZIMT-BAISERS

Das Eiweiß mit Salz sehr steif schlagen. Den Zucker mit Vanille langsam zufügen und weiter schlagen. Essig und Zimtpulver zugeben. Den Backofen auf 100 °C vorheizen.

Die Oblaten auf ein Blech legen. Mit 2 Teelöffeln kleine Häufchen auf die Oblaten setzen und für etwa 1¼ bis 1½ Stunden im Backofen mehr trocknen als backen lassen.

Der Name des Gemüses Rhabarber lässt erkennen, auf welchem Weg er in der Antike Verbreitung fand. Alle Güter aus Innerasien erreichten den Westen über den damaligen Hauptumschlagplatz an der unteren Wolga – auf griechisch „Rha“. Das ausländische Gemüse wurde als Abführmittel geschätzt. Erst viel später, von der Mitte des 19. Jahrhunderts an, fanden die süßsäuerlichen Stängel auch Eingang in der Küche. Der mit viel Mineralstoffen und Vitaminen, besonders B1, ausgestattete Rhabarber ist zugleich sehr kalorienarm. Mit mehr oder weniger zusätzlicher Süße, je nach Geschmack, entfaltet er sein unvergleichliches Aroma.

Johannis-Stachelbeer-Gratin mit Amarettini

Für 2 Personen

125–150 g Johannisbeeren
125–150 g Stachelbeeren
Butter für die Förmchen
3–4 EL Amarettini (italienisches Mandelgebäck)
3–4 EL Crème de Cassis
1 Ei
1 Eigelb
2 TL Vanillezucker
35 g Zucker
2 TL Puderzucker

Die Beeren waschen und trockentupfen. Die Johannisbeeren mit einer Gabel von den Rispen streifen und die Stachelbeeren vom Blütenansatz befreien. 2 kleine feuerfeste Tortelette-förmchen mit Butter ausstreichen. Die Amarettini auf dem Boden verteilen und mit Crème de Cassis beträufeln. Die Früchte darauf verteilen. Den Grill auf höchster Stufe vorheizen.
Einen Topf mit Wasser auf den Herd setzen. Einen zweiten, etwas kleineren Topf oder einen speziellen runden Einsatz hineinhängen. Das Ei, das Eigelb, Vanillezucker und Zucker mit dem Schneebesen des Handrührers über dem Wasserdampf darin verrühren, bis eine cremige Masse entsteht. Diese über die Früchte geben und alles mit Puderzucker überstäuben.
Etwa 1½–2 Minuten unter den Grill stellen, bis die Creme goldgelb ist. Am besten dabei stehen bleiben und das Gratin beobachten, denn die Oberfläche kann sehr schnell schwarz werden. Sofort servieren!

Jeden Sommer wieder kann man sich auf dieses köstliche Gratin freuen. Wenn im Garten die leuchtenden Beeren locken oder auf den Märkten angeboten werden, sollte man zugreifen. Neben dem Aromaerlebnis wird auch noch ein gutes Quantum an Vitaminen und Mineralstoffen geboten.

Stachelbeer-Kokos- und Kokosnuss-Reis-Auflauf

STACHELBEER-KOKOS-AUFLAUF
350 g Stachelbeeren
50 g Butter
100 g Honig
50 g Zucker
3 EL Kokosnusslikör
5 EL süße Sahne
100 g Kokosnussraspel
1 EL Mehl
2 Eiweiß
1 Msp. Salz
Butter für die Form

Tipp:
Je nach Säure der Stachelbeeren etwas mehr oder weniger Zucker nehmen.

KOKOSNUSS-REIS-AUFLAUF
100 g Basmatireis
1 Msp. Salz
200 ml Kokosnussmilch (etwa ½ kleine Dose)
2 Eier
45 g Zucker
Butter für die Form
nach Belieben
2 EL Kokosnussraspel

STACHELBEER-KOKOS-AUFLAUF (oben)
Die Stachelbeeren waschen und den Blütenansatz entfernen.
Den Backofen auf 200 °C vorheizen.
Butter, Honig und Zucker in einen Topf geben, erhitzen und wieder etwas abkühlen lassen. Kokosnusslikör, Sahne, Kokosnussraspel und Mehl zufügen. Das Eiweiß mit etwas Salz steif schlagen und unterheben. Zum Schluss die Stachelbeeren unterziehen. Eine runde oder rechteckige Tarteform mit Butter ausstreichen. Die Masse hineingeben und für etwa 30 Minuten in den Backofen stellen.

KOKOSNUSS-REIS-AUFLAUF (unten)
Den Reis waschen. Gut ¼ Liter Wasser zum Kochen bringen. Das Salz zufügen, den Reis hineinschütten, einmal durchheben und 8–10 Minuten bei mäßiger Temperatur kochen lassen. In ein Sieb geben und warm abbrausen. Den Backofen auf 210 °C vorheizen.
Die Kokosnussmilch mit den Eiern und 25 Gramm Zucker verrühren. Den Reis zufügen.
Eine runde feuerfeste Tarteform von 20 Zentimetern Durchmesser mit Butter ausstreichen. Den Reis einfüllen und mit dem restlichen Zucker bestreuen. Für 28–30 Minuten in den Backofen geben. Warm oder kalt servieren. Frische Mangoscheiben und Himbeersauce sind köstlich dazu, aber auch jedes andere Obst kann genommen werden.

Basmati-Reis wird vornehmlich am Fuß des Himalaja, in Indien und Pakistan, heute aber auch in den USA angebaut. Schon während des Kochens verbreitet er seinen charakteristischen Duft und macht seinem Namen alle Ehre. Basmati bedeutet nämlich „der Wohlriechende". Die Verbindung mit dem Aroma der Kokosnussmilch lässt ein köstliches Dessert entstehen.

Feigen-Gratin mit Amaretto-Sabayon

4 frische Feigen
125–150 g rote Johannisbeeren
2 Eier
½ unbehandelte Zitrone
50 g Butter
60 g brauner Zucker
2 Msp. Vanille
250 g Quark
Butter für die Form
1 EL brauner Zucker zum Bestreuen

AMARETTO-SABAYON
3 Eigelb
2 EL Zucker
10 EL Mandellikör wie Amaretto
1 Msp. unbehandelte abgeriebene Zitronenschale

Die Feigen schälen und in dicke Scheiben schneiden. Die Johannisbeeren waschen und die Beeren mit einer Gabel von den Stielen streifen.
Die Eier trennen. Die Schale der Zitrone abreiben und den Saft auspressen. Die Butter, den braunen Zucker und Vanille schaumig rühren. Das Eigelb, Zitronenschale und -saft zufügen und unterrühren, ebenso den Quark. Das Eiweiß steif schlagen und unterziehen. Den Backofen auf 200 °C vorheizen.
Eine ofenfeste Tarteform mit Butter ausstreichen, mit den Feigenscheiben auslegen und diese mit den Johannisbeeren bestreuen. Die Quarkmasse darüber streichen und das Gratin für 25 Minuten in den Backofen geben. Nach der Hälfte der Backzeit mit braunem Zucker bestreuen und weiterbacken. Heiß, lauwarm oder kalt servieren.
Nach Belieben ein Amaretto-Sabayon dazu reichen.

AMARETTO-SABAYON
Einen Topf etwa ein Drittel voll mit Wasser füllen und sieden lassen. Einen zweiten Topf, besser noch eine spezielle rundwandige Schüssel aus Stahl hineinstellen und Eigelb sowie Zucker mit dem elektrischen Schneebesen verrühren. So lange schlagen, bis die Masse dick und sahnig wird. Den Mandellikör und die Zitronenschale zugeben, kurz weiterschlagen und sofort servieren.

Feigen zählen zu den ältesten Obstsorten überhaupt. Nicht erst ihre Erwähnung in der Bibel weist darauf hin, auch im alten Ägypten wurden sie angebaut. Von dort verbreiteten sie sich über die ganze Mittelmeerregion. Der Handel bietet heute frische Feigen, unter anderem aus der Türkei, Griechenland, Frankreich sowie Brasilien an. Die Früchte, ob violett oder grün bis gelb, sind sehr empfindlich und müssen sorgsam behandelt werden. Sie sind nur kurz lagerfähig, etwa im Gemüsefach des Kühlschranks. Dabei sollten sie möglichst nicht übereinander liegen.
Dieses Gratin in seiner besonderen Kombination – süße Feigen mit den eher säuerlichen roten Johannisbeeren – zeichnet sich dadurch aus, dass es gleichermaßen den Gaumen und das Auge erfreut.

Orangen-Soufflé mit pochierten Feigen

40 g Butter
40 g Mehl
etwa 4 Orangen
⅛ Liter süße Sahne
⅛ Liter Milch
1 Msp. Vanille
4 Eier
6 EL Cointreau
1 Msp. Salz
75 g Zucker
Butter und Zucker für die Förmchen

Für die Feigen:
2–3 frische Feigen
200 ml guter Rotwein
50–60 g Zucker
1 Stück Zimtstange von etwa 3 cm
1 Stück unbehandelte Zitronenschale

Die Butter und das Mehl verkneten. Die Orangen auspressen, so dass 200 Milliliter Saft zur Verfügung steht. Die Sahne und die Milch mit Vanille aufkochen. Die Mehlbutter hineinrühren, bei mäßiger Temperatur einige Minuten köcheln lassen und vom Herd nehmen.
Die Eier trennen. 1 Eiweiß ungeschlagen in die Masse rühren. Nun den Orangensaft und Cointreau einrühren, dann das Eigelb. Die drei restlichen Eiweiß mit dem Salz und Zucker steif schlagen. Den Backofen auf 190 °C vorheizen.
Warmes Wasser in eine größere Form oder in die Fettpfanne des Backofens füllen. 4 kleine Souffléformen mit Butter ausstreichen und mit Zucker ausstreuen. Darauf achten, dass auch der Rand mit eingefettet und mit Zucker ausgestreut ist. Die Masse einfüllen, so dass die Förmchen zu zwei Dritteln gefüllt sind, und im Wasserbad in den Backofen geben. Für 22–30 Minuten garen.
Die Feigen waschen und achteln. Den Rotwein mit Zucker, Zimtstange und Zitronenschale in einen Topf geben. Die Feigen hineinlegen und je nach Reifegrad etwa 3 Minuten köcheln lassen. Sie sollten nicht zerfallen. Die Feigen mit einem Schaumlöffel herausnehmen. Zimtstange und Zitronenschale entfernen und den Sud etwas einkochen lassen.
Die Orangen-Soufflés auf Teller stürzen. Mit den pochierten Feigen umlegen und mit dem Rotweinsud begießen.

Das hört sich gut an und schmeckt auch hervorragend. Der weltweite Import von Obst macht es möglich, dass heute fast zu jeder Jahreszeit eine reichhaltige Auswahl an erntefrischem Obst zur Verfügung steht.

COINTREAU

Kürbis-Auflauf
Zwetschen-Auflauf

KÜRBIS-AUFLAUF
120 g gemahlene Mandeln
1 kg Kürbis, geputzt etwa 600 g
4 Eier
100 g Butter
125 g Zucker
2 Msp. Vanille
2 Msp. Zimt
1 Msp. Salz
Butter und Zucker für die Form

ZWETSCHEN-AUFLAUF
600 g Zwetschen
2 Sternanis
1 Zimtstange von etwa 4 cm
4 EL Portwein
Butter für die Form
6–8 Löffelbiskuits, etwa 50 g
2 Eier
80–100 g Zucker
2–3 Msp. Vanille
100 g Crème fraîche
1 Msp. Salz
2 EL gemahlene Mandeln

KÜRBIS-AUFLAUF (oben)
Die Mandeln in einer trockenen Pfanne ohne Fett leicht rösten, vom Herd nehmen und erkalten lassen.
Den Kürbis schälen, von Kernen und Fasern befreien und in Stücke schneiden. Mit 4–5 Esslöffel Wasser in einen Topf geben und bei mäßiger Temperatur etwa 15 Minuten kochen lassen. Das Kürbisfleisch mit dem Schneidstab des Handrührers pürieren.
2 Eier trennen. Die restlichen Eier sowie 2 Eigelbe mit 60 Gramm Butter, 100 Gramm Zucker, Vanille und Zimt schaumig rühren. Das Kürbisfleisch und die Mandeln zufügen. Das Eiweiß mit Salz steif schlagen und unterziehen. Den Backofen auf 175–180 °C vorheizen.
Eine feuerfeste Auflaufform mit Butter ausstreichen und mit Zucker ausstreuen. Die Kürbismasse hineinfüllen. Die restliche Butter als Flöckchen darauf verteilen und mit dem restlichen Zucker bestreuen. Für etwa 15 Minuten in den Backofen stellen.
Dazu passt eine Vanillesauce (s. Seite 160) oder man trinkt dazu Kaffee mit einem Schuss Weinbrand.

ZWETSCHEN-AUFLAUF (unten)
Die Zwetschen überbrühen, häuten und mit Sternanis und Zimt in einen Topf geben. 2 Esslöffel Wasser und den Portwein zufügen. Bei mäßiger Temperatur 8–10 Minuten kochen lassen. Sternanis und Zimtstange entfernen.
Eine feuerfeste Auflaufform mit Butter ausstreichen. Die Löffelbiskuits in 3 oder 4 Stücke teilen und in der Form verteilen. Die Zwetschen samt dem Saft zufügen. Den Backofen auf 200 °C vorheizen.
Die Eier trennen. Eigelb, Zucker und Vanille schaumig rühren. Die Crème fraîche zufügen und alles über die Zwetschen gießen. Das Eiweiß mit Salz steif schlagen, die Mandeln unterziehen und diese Masse als letzte Schicht auf den Auflauf streichen.
Für etwa 25 Minuten in den Backofen stellen.

Apfel-Soufflé mit Aprikosen-Sauce

Butter und Zucker für die Förmchen
¼ unbehandelte Zitrone
300 g Äpfel, etwa 2 Stück
20 g Butter und 1 EL Mehl für die Mehlbutter
2 Eier und 1 Eigelb
25 g Butter
30 g Zucker
100 ml Milch
4 EL gemahlene Haselnüsse
2–3 EL Calvados
2–3 Msp. Vanille
1 Msp. Zimt
1 Msp. Salz

Für die Aprikosen-Sauce:
½ Liter Wasser
220 g Zucker
600 g Aprikosen

Die Souffléförmchen mit Butter ausstreichen und gut mit Zucker ausstreuen. In den Kühlschrank stellen.
Etwas Zitronenschale abreiben und den Saft auspressen. Die Äpfel waschen, schälen, vom Kerngehäuse befreien und in Stücke schneiden. Mit 4 Esslöffel Wasser, Zitronensaft und -schale in einen Topf geben und in etwa 10 Minuten bei mäßiger Temperatur weich kochen. Mit dem Schneidstab des Handrührers pürieren.
Butter und Mehl verkneten. Die Eier trennen. Butter und Zucker in einen Topf geben und goldgelb karamellisieren lassen. Die Milch unter Rühren angießen, aufkochen lassen und die Mehlbutter hineingeben. Nach 3 Minuten vom Herd nehmen und gleich das Apfelmus, die Eigelbe sowie die gemahlenen Haselnüsse zufügen. Mit Calvados, Vanille und Zimt abschmecken und zum Schluss noch 1 ungeschlagenes Eiweiß hineinrühren. Den Backofen auf 175 °C vorheizen.
Das restliche Eiweiß mit dem Salz steif schlagen und unter die Masse geben. Die Förmchen zu drei Vierteln mit der Apfelmasse füllen und für 40–45 Minuten in den Backofen geben.

Für die Aprikosen-Sauce Wasser und Zucker unter Rühren aufkochen und 10 Minuten köcheln lassen. Die Aprikosen waschen, halbieren, entsteinen und in dem Zuckersirup etwa 5 Minuten bei mäßiger Temperatur kochen lassen, bis sie weich sind. Mit einem Schaumlöffel herausnehmen und durch ein Drehsieb treiben oder – falls das nicht vorhanden ist – ein einfaches Sieb benutzen. Bei Bedarf noch etwa 3–4 Esslöffel Zuckersirup in die Aprikosenmasse rühren, bis die gewünschte Konsistenz erreicht ist. Mit dem Apfel-Soufflé servieren.

Äpfel sind seit eh und je eine besonders beliebte Baumfrucht. Schon der verbotene Baum in der Mitte des Paradiesgartens soll Äpfel getragen haben – so wenigstens will es die darstellende Kunst. Nach der Paradiestragödie degenerierte der Luxusapfel zum Holzapfel, einer Wildform mit ähnlichem Genusserlebnis wie der Verzehr unreifer Schlehen. Die Römer jedoch kultivierten ihn, so dass der Apfel heute weltweit schier unzählige unterschiedlichster schmackhafter Geschwister zählt.

Quark-Soufflé auf Holunder und Brombeer

Für die Holunder-Brombeer-Sauce:
½ unbehandelte Limette
250 g Holunderbeeren
30 g Zucker
1 Sternanis
1 Stück Zimtstange von etwa 2 cm
2 TL Pfeilwurzelstärke
200 g Brombeeren
4 EL Crème de Cassis (Likör aus schwarzen Johannisbeeren)

Für das Quark-Soufflé:
Butter und Zucker für die Förmchen
2 Eier
60 g Zucker
1 Msp. Vanille
1 Msp. unbehandelte abgeriebene Zitronenschale
100 g Quark, Magerstufe

Die Limette waschen, trockentupfen, die Schale abreiben und die Frucht auspressen. Die Holunderbeeren waschen und mit einer Gabel von den Rispen streichen. Mit 200 Milliliter Wasser, Limettenschale, Zucker, Sternanis und Zimtstange 8–10 Minuten kochen lassen, bis sie weich sind. Sternanis und Zimtstange entfernen und die Holunderbeeren durch ein Drehsieb streichen.
Die Pfeilwurzelstärke mit 2 Esslöffel kaltem Wasser anrühren. Die Holunderbeeren zurück in den Topf geben und unter Rühren die Pfeilwurzelstärke zufügen. 1 Minute aufkochen lassen und vom Herd nehmen.
Die Brombeeren waschen, trockentupfen, die Hälfte der Brombeeren ebenfalls durch das Sieb passieren und in die Holunderbeeren rühren. Die restlichen Brombeeren für die Garnitur zurückbehalten. Die pürierte Holunder-Brombeermasse mit Limettensaft und Crème de Cassis abschmecken.
Für das Quark-Soufflé die Förmchen mit Butter ausstreichen und mit Zucker ausstreuen – Boden und Wände sollten gut bedeckt sein – und in den Kühlschrank stellen.

Den Backofen auf 170 °C vorheizen. Die Eier trennen. Das Eigelb mit 40 Gramm Zucker, Vanille und Zitronenschale schaumig rühren. Den Quark unterrühren. 1 Eiweiß ungeschlagen zufügen. Das andere halb steif schlagen, den restlichen Zucker zufügen und ganz steif schlagen. Unter die Eigelb-Quark-Masse ziehen. Die Quarkmasse in die Förmchen füllen und diese in eine feuerfeste Form stellen. Warmes Wasser in die Form füllen, so dass die Souffléförmchen zu zwei Dritteln im Wasser stehen und für 20–25 Minuten in den Backofen geben.
Die Förmchen herausnehmen. Mit einem Messer vorsichtig am Rand entlangfahren und das Quark-Soufflé auf Teller stürzen. Mit der Holunder-Brombeer-Sauce umgießen und mit den restlichen Brombeeren garnieren.

Holunder- und Brombeersträucher sind weit verbreitet. Da fällt es im Spätsommer und Herbst nicht schwer, schnell einen Korb voll davon zu sammeln und daraus ein ebenso leckeres wie gesundes Dessert zuzubereiten.

Brot-Flan mit Cognac-Sauce

Für etwa 6 Personen

¼ Liter Milch
120 g Roggen- oder Weizenmischbrot
Butter und Zucker für die Förmchen
50 g halbbittere Schokolade
4 EL süße Sahne
2 Eier
75 g Puderzucker
2 EL gekochter starker Kaffee
1 EL Mehl
50 g weiche Butter
30 g gemahlene Mandeln
2 EL Maronencreme (Dose)
nach Belieben 3–4 EL Cognac
1 Msp. Salz

Für die Cognac-Sauce:
⅛ Liter Milch
3 Eigelb
⅛ Liter süße Sahne
40 g Zucker
2–3 Msp. Vanille
3 EL Cognac

Tipp:
Wenn Kinder mitessen, anstelle der Cognac-Sauce eine Vanille-Sauce (s. Seite 160) servieren oder Obstsalat als Ergänzung reichen.

Die Milch zum Kochen bringen und das Brot damit übergießen. 6 Förmchen mit Butter ausstreichen, mit Zucker ausstreuen und in den Kühlschrank stellen.
Die Schokolade mit der Sahne in einen Topf geben und unter Rühren schmelzen lassen, sofort vom Herd nehmen. Die Eier trennen. Das Eigelb mit dem Puderzucker schaumig rühren. Die etwas abgekühlte geschmolzene Schokolade mit dem Kaffee unterrühren. Dann das Mehl, die weiche Butter und die Mandeln ebenfalls unterrühren. Den Backofen auf 160 °C vorheizen. Das Brot mit dem Mixstab des Handrührers pürieren und zufügen, ebenso die Maronencreme. Nach Belieben mit Cognac abschmecken. 1 Eiweiß ungeschlagen zufügen. Das andere Eiweiß mit dem Salz steif schlagen und unterziehen. Die Förmchen zu zwei Dritteln mit der Masse füllen und in einer mit warmem Wasser gefüllten großen Form oder der Fettpfanne für 35–40 Minuten in den Backofen geben. Die Förmchen sollten zwei Drittel hoch im Wasserbad stehen.
Für die Cognac-Sauce von der Milch 3 Esslöffel abnehmen und mit dem Eigelb verrühren. Die restliche Milch mit Sahne, Zucker und Vanille in einen Topf geben und aufkochen. Vom Herd nehmen. Das verrührte Eigelb unter Rühren in die Milch-Sahne-Mischung geben. Wieder kurz auf den Herd stellen und unter Rühren hochkommen, aber nicht aufkochen lassen. Mit dem Cognac verfeinern.
Den Flan vorsichtig am Rand lösen, stürzen und mit der Cognac-Sauce servieren.

Brot hat auf dem Familientisch seit jeher seinen festen Platz, auch in Form von Suppen und Aufläufen. Warum nicht einmal einen Flan daraus zubereiten? Die Cognac-Sauce ist ein Geheimtipp unter Feinschmeckern. Ausprobieren lohnt sich unbedingt!

BRANDY

Die Rezepte nach Gruppen

Soweit in den Rezepten nichts anderes vermerkt ist, sind die Zutaten für vier Personen berechnet.

Mit Gemüse und Kartoffeln

Mit Getreide, Teigwaren, Reis und Hülsenfrüchten

Mit Fisch und Meeresfrüchten

Mit Fleisch, Geflügel und Wild

Süßes aus dem Backofen

Die Rezepte alphabetisch

Soweit in den Rezepten nichts anderes vermerkt ist, sind die Zutaten für vier Personen berechnet.

Bildquellen
Impressum

Bilderberg: Frieder Blickle 76; Klaus Bossemeyer 34;
Rainer Drexel 142; Wolfgang Kunz 11; Hans Madej 60;
Reinhart Wolf 116
Focus: Roman Bezjak 102; Pierre Boulat 7; Enrico Ferorelli 90;
Serge Sibert/ODYSSEY 20; Tripelon, J.F./Jarry, M.J. (Agence Top) 6
Sigloch Edition/Bildarchiv: Hans Joachim Döbbelin 2, 4, 9, 10,
12/13, 16/17, 64/65, 80, 96/97, 124/125, 152/153 und alle
Rezeptfotos auf den ungeraden Seiten 19 bis 185
Visum: Günter Beer 15, 128; Michael Wolf 8
Ernst Wrba 5

Redaktionelle Bearbeitung: Regina Dietrich

Internet: www.sigloch.de

Reproduktion: Otterbach Repro, Rastatt
Satz: Sigloch Edition, Blaufelden
Druck: Preses Nams Corp. Jana seta Printing Group
Papier: 135 g/m² nopaCoat glänzend, chlorfrei, Nordland Papier AG,
Dörpen
Bindearbeiten: Sigloch Buchbinderei, Blaufelden
ISBN 3-89393-178-3